PROJET

DE

CODE PÉNAL

PARIS

IMPRIMERIE ADMINISTRATIVE ET DES CHEMINS DE FER DE PAUL DUPONT

41, RUE JEAN-JACQUES-ROUSSEAU (HOTEL DES FERMES)

1870

PROJET

CODE PÉNAL

La mort;

Les travaux forcés à perpétuité ;

Les travaux forcés à temps ;

La détention à perpétuité;

La détention à temps ;

L'exil à perpétuité ;

La privation à perpétuité du droit d'obtenir tout grade et de remplir toutes fonctions publiques :

L'interdiction des droits civiques.

3 — Les délits sont les actes que la loi punit des peines suivantes :

L'emprisonnement excédant une semaine ;

L'exil à temps ;

La révocation d'un emploi public;

L'amende au-dessus de 100 P. T.

4 — Les contraventions sont les actes que la loi punit de l'emprisonnement pendant une semaine et au-dessous, ou d'une amende de 100 P. T. et au-dessous.

5 — Les peines ci-dessus énoncées pourront, suivant les cas déterminés par la loi, être prononcées cumulativement ou séparément.

6 — En dehors de ces peines, la loi pénale prononce dans des cas déterminés :

Le renvoi sous la surveillance de la haute police ;

La privation des droits civils et de famille;

La confiscation des objets ayant servi au délit ou au crime.

7 — La tentative de crimes est assimilée aux crimes, et punie de la même peine.

8 — La tentative du délit n'est assimilée au délit et punie comme tel que dans les cas d'une disposition expresse de la loi.

9 — La résolution de commettre le crime ou le délit, et actes de préparation de ce crime et de ce délit, ne constituent pas la tentative.

10 — Est considéré comme tentative le commencement d'exécution dans le but de commettre le crime ou le délit, lorsque l'exécution a été suspendue ou a manqué son effet par des circonstances indépendantes de la volonté de son auteur.

11 — Sauf les exceptions déterminées par la loi, la récidive entraîne contre le récidiviste l'application du maximum de la peine prononcée par la loi qui peut être portée jusqu'au double.

12 — Est considéré comme récidiviste celui qui, ayant été condamné à l'une des peines prononcées pour les crimes, et reconnu coupable d'un nouveau crime commis depuis cette condamnation, et celui qui, ayant été condamné à plus d'une année d'emprisonnement ou d'exil à temps, est reconnu coupable d'un délit commis depuis cette condamnation.

13 — Celui qui, ayant été condamné à une peine prononcée pour les crimes, aura commis depuis sa condamnation un nouveau crime entraînant la privation à perpétuité du droit d'obtenir un grade ou de remplir toute fonction publique, ou l'interdiction des droits civiques, sera condamné à la détention à temps.

14 — Celui qui, ayant été condamné à l'exil à perpétuité, est déclaré coupable d'un crime commis après sa condamnation, sera condamné à la détention à perpétuité, si une peine moins grave est prononcée par la loi.

15 — Le condamné à la détention à perpétuité, qui, depuis sa condamnation, aura commis un crime, sera condamné aux travaux forcés à perpétuité, si ce nouveau crime entraîne une peine moins forte.

16 — Le condamné aux travaux forcés à perpétuité sera dans le même cas condamné à la peine de mort.

17 — Le récidiviste convaincu d'un délit sera, en outre de la peine prononcée par la loi, mis sous la surveillance de la haute police pendant cinq ans au moins et dix ans au plus.

18 — Celui qui, en dehors des cas cités ci-dessus, a été condamné pour une infraction déterminée et est convaincu, dans les dix années de cette condamnation, d'une infraction semblable, ne peut être condamné à une peine moindre que le double de celle qui a été prononcée contre lui par la précédente condamnation, sans que toutefois cette peine puisse être supérieure au double de celle qui est édictée par la loi.

19 — Les crimes, délits et contraventions seront punis en vertu de la loi en vigueur au moment où ils ont été commis, pourvu que cette loi n'ait pas été abrogée ou que la peine qu'elle prononce ait été diminuée avant le jugement définitif·

20 — La durée des peines temporaires commencera pour ceux qui seront en état de détention préventive du jour où la condamnation est devenue irrévocable, à moins que le condamné ne se soit pourvu ou que, en conséquence de son pourvoi, la peine n'ait été diminuée, auquel cas la durée de la peine commence à partir de la sentence attaquée.

21 — La condamnation aux peines ci-dessus énoncées est toujours sans préjudice des dommages-intérêts et des restitutions qui sont dues aux parties.

22 — Dans le cas où l'amende, les restitutions et les dommages-intérêts auront été prononcés concurremment, ces deux dernières condamnations seront exécutées avant le payement de l'amende sur les biens des condamnés s'ils sont insuffisants.

23 — La contrainte par corps sera toujours prononcée par le jugement de condamnation qui en fixera la durée pour les condamnations à l'amende, aux restitutions et aux frais.

24 — Tous les individus condamnés pour un même crime ou pour un même délit seront tenus solidairement des amendes, des restitutions, des dommages-intérêts et des frais.

CHAPITRE II.

Des peines applicables aux crimes.

25 — Lorsqu'il sera intervenu une condamnation à mort, le dossier sera immédiatement transmis au khédive qui statuera, dans les formes prévues par les règlements, sur la remise de la peine.

26 — Si la décision n'est pas intervenue dans les huit

jours qui suivront la sentence, remise de la peine sera acquise de plein droit.

27 — La remise de la peine emportera commutation en la peine des travaux forcés à perpétuité.

28 — Aucune exécution à mort ne pourra avoir lieu un jour de fête particulière à la religion à laquelle appartient le condamné.

29 — Le corps du supplicié, dans le cas où il n'aura pas d'héritiers pour le faire inhumer, sera délivré à la communauté à laquelle il appartiendra.

L'inhumation devra se faire sans aucun appareil.

30 — Si une femme condamnée à mort se déclare enceinte, et s'il est vérifié qu'elle est enceinte, elle ne subira sa peine qu'après sa délivrance.

31 — La peine de mort ne pourra être prononcée que si l'accusé a été vu commettant le crime ou s'il l'avoue.

32 — La peine des travaux forcés à perpétuité consiste à être employé les fers aux pieds, aux travaux les plus pénibles, durant toute la vie, dans les lieux désignés par le gouvernement.

33 — La peine des travaux forcés à temps consiste à être employé de trois à quinze ans aux travaux les plus pénibles, et avec les fers aux pieds, dans les lieux désignés par le gouvernement. Néanmoins la peine des travaux forcés prononcée pour un temps moindre que cinq ans pourra être subie sur le lieu même.

34 — Les individus âgés de plus de soixante ans ou les femmes et filles qui seront condamnés aux travaux forcés ne seront pas enchaînés, et subiront leur peine dans une maison de détention.

35 — La peine de la détention à perpétuité consiste à être renfermé durant la vie dans l'une des maisons de détention qui auront été déterminées par le gouvernement.

36 — La peine de la détention à temps consiste à être renfermé durant trois à quinze ans dans l'une des maisons de détention qui auront été déterminées par le gouvernement.

37 — Les condamnés à la détention seront employés à un travail.

38 — Le détenu pourra communiquer avec les personnes placées dans l'intérieur du lieu de sa détention ou avec celles du dehors, dans les limites fixées par les règlements de police.

39 — Quiconque aura été condamné à la peine des travaux forcés ou de la détention à temps sera, pendant la durée de sa peine, en état d'interdiction légale ; il nommera, sous l'approbation du tribunal, un tuteur pour gérer et administrer ses biens. Faute par lui de faire ce choix et s'il ne lui est pas nommé un tuteur dans les formes de la loi qui régit son état personnel, le tuteur sera nommé par le Tribunal, à la requête du ministère public ou de toute personne intéressée. Pendant la durée de la peine, il ne pourra être remis au détenu sur ses revenus, de la part du tuteur, ou sur son travail, de la part de l'Administration, aucune somme autre que celle autorisée par les règlements particuliers des prisons. Tous les biens du condamné lui seront remis après qu'il aura subi sa peine, et le tuteur lui rendra compte de son administration.

40 — La peine de l'exil à perpétuité consiste à être dirigé sur un lieu désigné par le gouvernement pour y demeurer durant toute sa vie ; dans le cas où l'exilé désirerait que sa famille y fût transférée, il sera fait droit à sa demande si la famille y consent.

41 — La privation perpétuelle de tous grades et fonctions publiques consiste à être privé à perpétuité du droit d'être employé au service de l'État, soit directement, soit à titre de fermier ou concessionnaire, quelle que soit d'ailleurs l'importance de l'emploi ; d'être revêtu d'un grade ; de jouir d'un traitement ; de porter une décoration. La condamnation à cette peine emporte la suppression du grade, des fonctions, du traitement ou d'une pension, si le condamné est revêtu d'un grade, occupe des fonctions publiques ou reçoit un traitement, ou une pension.

42 — La peine précédente, quand elle ne sera pas prononcée principalement, sera toujours la conséquence d'une condamnation à l'une des peines édictées pour un crime.

43 — L'interdiction des droits civiques consiste : 1° dans la privation perpétuelle de tous grades et fonctions publiques, peine édictée par l'article 42 ; 2° dans la privation de tous les droits civils et politiques, c'est-à-dire du droit d'émettre un vote dans une assemblée, de remplir une fonction publique ou un emploi quelconque concernant soit l'administration du pays, soit celle de la communauté ou de la corporation à laquelle appartient le condamné ; 3° dans l'incapacité d'être employé comme maître ou surveillant dans une école ; 4° dans l'incapacité d'être délégué, membre d'une municipalité, juré et expert, de servir de témoin dans les actes, de déposer en justice, autrement que pour y donner de simples renseignements, et de remplir les fonctions de fondé de pouvoirs dans un procès ; 5° dans l'incapacité d'être tuteur ou curateur ; 6° enfin, dans la privation du droit de port d'armes.

44 — L'interdiction des droits civiques résultera de plein droit de la condamnation à la peine des travaux forcés à perpétuité ou à temps, de la détention ou de l'exil à perpétuité. Toutes les fois qu'elle sera prononcée comme peine principale, elle devra être accompagnée d'un emprisonnement dont la durée n'excèdera pas trois ans.

45 — Tous arrêts qui porteront la peine de mort, des travaux forcés à perpétuité ou à temps, de la détention, de l'exil à perpétuité, de la privation de tous grades et fonctions publiques, de l'interdiction des droits civiques, seront affichés par extrait en français, en italien et dans la langue du pays sur la place publique du chef-lieu de la province où l'arrêt aura été rendu, du district où le crime aura été commis, du lieu où se fera l'exécution et de celui du domicile du condamné. L'extrait sera affiché en outre dans l'enceinte du Tribunal des lieux ci-dessus, au tableau désigné pour les publications et devant la porte de l'hôtel qui sert de résidence au gouverneur de la province et au préfet de la police.

CHAPITRE III

Des peines applicables aux délits et contraventions

46 — La peine de l'emprisonnement consiste à être renfermé dans les prisons de l'État pendant le temps qui aura été fixé par le jugement.

47 — La durée de cette peine sera de vingt-quatre heures à une semaine en matière de contravention, et de huit jours à trois ans en matière de délits ; elle commencera du moment où le coupable aura été écroué, s'il n'était pas détenu préventivement.

48 — En cas de détention préventive, la peine courra du jour du jugement sauf l'application des règles prescrites par l'article 20.

49 — Les prisonniers seront employés à des travaux conformes à leur état et à leur aptitude spéciale, dans les limites des règlements établis par le gouvernement, et qui fixeront la part leur revenant sur les bénéfices de leur travail.

50 — La peine de l'exil à temps consiste à être éloigné du lieu de sa résidence et transporté dans un autre endroit désigné par un règlement administratif pour y demeurer ; sa durée sera de trois mois à trois ans.

51 — Elle commencera du jour du jugement, en cas de détention préventive, sauf l'application de l'article 20, ou du jour où le condamné aura été arrêté ou se sera livré à l'autorité pour être conduit au lieu déterminé.

52 — Si le condamné obtient de se rendre volontairement au lieu d'exil, la peine commencera à courir du moment où il se présentera à l'autorité du lieu.

53 — La révocation d'un emploi public consiste dans l'éloignement de cet emploi et dans la suppression des émoluments qui y sont attachés. La durée de la suspension est de trois mois à six ans, temps pendant lequel les condamnés ne peuvent être appelés à aucune fonction publique, ni jouir d'aucun traitement. Les individus qui, au moment de leur condamnation ne remplissaient pas de fonctions, ne pourront être nommés à aucun emploi public, ni jouir d'aucun traitement pendant toute la durée de leur peine.

54 — La peine de l'amende consiste dans le payement, par le condamné, d'une somme de 10 P. T. à 100 P. T., en matière de simple police, et de 100 P. T. à 20,000 P. T., en matière correctionnelle.

55 — La contrainte par corps, pour le payement des amendes, des frais et des restitutions, au profit de l'État, sera fixée à vingt-quatre heures, par 20 P. T., sans pouvoir être inférieure à vingt-quatre heures et dépasser trois mois.

56 — Elle ne sera exécutée que cinq jours après commandement, contenant copie de la sentence, si elle n'a été déjà signifiée.

57 — L'exécution de la contrainte par corps ne libère pas du payement de l'amende le condamné qui peut payer, ou devient solvable après cette exécution.

CHAPITRE IV

Peines accessoires communes aux délits et aux crimes

58 — Les tribunaux jugeant correctionnellement peuvent, dans les cas prévus par la loi, prononcer, en même temps que les peines spécifiées plus haut, tout ou partie des interdictions énoncées à l'article 44.

59 — Ceux qui auront été condamnés pour crimes à la peine des travaux forcés à temps, ou de la détention à temps, en remplacement des travaux forcés, seront, à l'expiration de leur peine, renvoyés de plein droit sous la surveillance de la haute police.

60 — Le renvoi, sous la surveillance de la haute police, pourrra être en outre prononcée en matière de crimes et délits dans les cas spécialement déterminés par la loi.

61 — L'effet du renvoi, sous la surveillance de la haute police, sera de donner au gouvernement le droit d'interdire au condamné de résider, soit dans la province où le crime a été commis, soit dans les villes de plus de cinq mille habitants. En outre, le condamné devra déclarer le lieu où il veut fixer sa résidence, ainsi que l'itinéraire de son voyage, lequel sera noté sur son permis de route. Il sera tenu d'avertir les autorités dans les vingt-quatre heures de son arrivée. Il ne pourra changer de résidence sans avoir indiqué, trois jours à l'avance, aux autorités locales, le lieu où il se propose d'aller habiter, et sans avoir reçu une nouvelle feuille de route; en cas d'infraction à ces dispositions, l'individu mis sous la surveillance de la haute police sera puni d'un emprisonnement qui ne pourra excéder un an. Aucun condamné n'est placé sous la surveillance de la haute police, que dans le cas où une disposition particulière de la loi l'aura ordonné.

CHAPITRE V

Des cas qui rendent les prévenus excusables; responsables ou punissables

62 — L'inculpé qui n'aura pas atteint l'âge auquel les enfants ont la conscience de leurs actes ne sera pas mis en jugement.

63 — Si l'inculpé mis en jugement a moins de seize ans, ou si, ayant un âge incertain, il est jugé, par le juge du fait, qu'il n'a pas atteint l'âge de puberté, il sera statué à son égard d'après les règles suivantes :

64 — S'il n'a pas agi avec discernement, il sera acquitté; toutefois, la cour ou le tribunal décidera s'il doit être remis à ses parents, ou bien s'il doit être confié à telle personne honorable, ou tel établissement agricole public ou privé qui consentirait à s'en charger pendant un temps qui ne pourra se prolonger au delà de sa vingtième année, sauf appréciation par la cour ou le tribunal, si l'âge est incertain.

65 — S'il est décidé par le juge du fait que l'inculpé mineur de seize ans ou impubère a agi avec discernement, il sera condamné à la peine de cinq à dix ans de prison, s'il a encouru la peine de mort ou celle des travaux forcés, de la détention ou de l'exil à perpétuité.

66 — Si la peine encourue est celle des travaux forcés à temps, ou de la détention à temps, il sera puni d'un emprisonnement correctionnel pour un temps égal au quart au moins et au tiers au plus, de celui pour lequel il aurait dû être condamné. Dans ces deux cas, il pourra être mis sous la surveillance de la haute police pendant cinq ans au moins et dix ans au plus. Si le prévenu a encouru la peine de l'interdiction des droits civiques, il sera puni d'un emprisonnement correctionnel de six mois à trois ans.

67 — Dans les cas ci-dessus, l'inculpé qui n'aura pas de complices pubères sera jugé par les juges correctionnels.

68 — Si l'inculpé impubère est poursuivi pour un délit, il sera, au cas où il aurait agi avec discernement, condamné à la prison pour un temps qui ne pourra dépasser le tiers de la durée de la peine à laquelle il aurait dû être condamné.

69 — Le prévenu est exempté de l'application de la peine légale, s'il est constaté qu'il était en état de démence au moment de l'action.

70 — Il sera sursis au jugement de l'individu tombé en démence depuis la perpétration du crime ou du délit.

71 — Est également exempté de l'application de la peine légale tout individu qui se serait rendu l'auteur d'une action involontairement et sous l'influence d'une contrainte dûment constatée. Mais la loi entend par le mot contrainte une force telle que le prévenu n'ait pu y résister ; les faits résultant du respect et de la considération, tels que les ordres donnés par les parents aux enfants ou par les maîtres aux domestiques, ne sauraient être considérés comme des motifs suffisants de contrainte.

72 — Il n'est fait aucune différence entre les deux sexes quant aux punitions légales; cependant à l'égard des femmes il sera, dans l'application de certaines peines, tenu compte de leur condition.

73 — Les complices d'un crime ou d'un délit seront punis de la même peine que les auteurs mêmes de ce crime ou de ce délit, sauf les cas où la loi en aurait disposé autrement.

74 — Sont considérés comme complices d'un crime ou d'un délit ceux qui ont provoqué à le commettre en usant de dons, de promesses, de menaces, d'artifices ou de machinations, en donnant des instructions, ou en abusant de leur autorité sur celui qui l'a commis :

Ceux qui ont fourni des armes, des instruments ou tout moyen qui aura servi à l'action, sachant qu'ils devaient y servir ;

Ceux qui ont aidé ou assisté avec connaissance de cause l'auteur ou les auteurs de l'action dans les faits qui l'ont préparée, facilitée ou consommée ;

Ceux qui auront recélé le produit d'un vol sachant qu'il provient d'un vol.

75 — Toutefois, les complices, autres que ceux qui ont agi par provocation, d'un fait principal, qui n'auront pas prévu les circonstances accessoires qui sont de nature à aggraver la peine, ne seront pas passibles de cette aggravation.

Titre II.

DES CRIMES, DES DÉLITS CONTRE LA CHOSE PUBLIQUE ET DE LEUR PUNITION

CHAPITRE Ier.

Crimes et délits contre la sûreté extérieure de l'Etat

76 — Tout sujet local, quel qu'il soit, qui aura porté les armes contre l'Etat dans les rangs de l'ennemi, sera puni de mort.

77 — Tout sujet local qui aura pratiqué des machinations ou entretenu des intelligences avec les puissances étrangères ou leurs agents, dans le but de les engager à commettre des hostilités, ou à entreprendre la guerre contre l'Etat ou pour leur en procurer les moyens, sera puni de mort, que ces machinations et intelligences aient été ou non suivies d'hostilités.

78 — Sera également puni de mort, tout sujet local qui aura pratiqué des manœuvres ou entretenu des intelligences avec les ennemis, à l'effet de faciliter leur entrée sur le territoire de l'État ou de leur livrer des villes, forteresses, postes, ports, magasins, arsenaux, navires appartenant à l'État ou de fournir aux ennemis des secours en soldats, argent, vivres, armes ou munitions, ou de seconder les progrès de leurs armes sur les possessions ou les forces de l'État, soit en ébranlant la fidélité des troupes envers le souverain et le pays, soit de toute autre manière.

79 — Si la correspondance avec les sujets d'une puissance ennemie, sans avoir pour objet l'un des crimes énoncés en l'article précédent, a néanmoins eu pour résultat de fournir aux ennemis des instructions nuisibles à la situation politique ou militaire de l'État ou de ses alliés, ceux qui auront entretenu cette correspondance seront, suivant la gravité du cas, punis de la détention à temps. Dans le cas où ces instructions auraient été la suite d'un concert constituant un fait d'espionnage, c'est-à-dire la volonté de faire connaître aux ennemis le plan de campagne du gouvernement, le coupable sera, suivant la gravité du cas, puni des travaux forcés à temps. Si le fait a eu lieu dans les armées, le coupable pourra être condamné à mort, conformément aux lois militaires.

80 — Sera puni de mort tout fonctionnaire public, tout agent du gouvernement ou toute autre personne qui, chargée ou instruite officiellement, ou à raison de son état, du secret d'une négociation ou d'une expédition militaire de l'État l'aura, dans un but coupable, livré, soit directement, soit indirectement aux agents d'une puissance étrangère ou de l'ennemi, sans avoir reçu l'ordre de le faire.

81 — Tout fonctionnaire ou agent du gouvernement chargé, à raison de ses fonctions, du dépôt des plans de fortifications, arsenaux ou ports, qui aura livré ces plans ou l'un de ces plans à l'ennemi ou aux agents de l'ennemi, sera puni des travaux forcés, de trois à quinze ans ; il sera puni d'un emprisonnement de un à trois ans, s'il a livré ces plans aux agents d'une puissance étrangère, neutre ou alliée, sans l'autorisation du gouvernement.

82 — Tout sujet local qui aura recélé ou fait recéler les espions ennemis envoyés à la découverte, et qu'il aura connus pour tels, sera puni des travaux forcés à perpétuité.

CHAPITRE II

Des crimes et délits contre la sûreté intérieure de l'État

83 — Quiconque aura, par un acte matériel, excité les sujets locaux à s'armer contre le gouvernement sera puni de mort, si l'attentat a été suivi d'effet ou s'il a reçu un commencement d'exécution.

84 — L'attentat qui aura pour but d'exciter la guerre civile en portant les habitants du pays à s'armer les uns contre les autres ou à porter la dévastation, le massacre et le pillage dans un ou plusieurs endroits, sera puni de mort, si l'attentat a été suivi d'effet ou s'il a reçu un commencement d'exécution.

85 — Dans le cas ou l'un des crimes mentionnés aux articles 84 et 85 aura été exécuté ou simplement tenté par une bande, la peine de mort sera appliquée à ceux qui auront dirigé ou excité la sédition, en quelques lieux qu'ils aient été saisis; les autres individus de la bande qui auront été saisis sur le lieu de la réunion séditieuse, seront, suivant le degré de leur culpabilité, punis des travaux forcés, de trois à quinze ans.

86 — Un complot dans lequel la résolution d'agir est concertée et arrêtée entre plusieurs personnes ayant pour but l'un des crimes énoncés aux articles 84 et 85, sera puni de l'exil à perpétuité, s'il a été suivi d'actes entrepris pour en préparer l'exécution bien que l'attentat n'ait pas été suivi d'effet; si le complot n'a été suivi d'aucun acte propre à en préparer l'exécution, et s'il n'y a eu que résolution d'agir concertée ou arrêtée, les individus qui auront fait partie du complot seront punis de la détention à temps; s'il y a eu proposition faite et non agréée de former un complot pour arriver à l'un des crimes mentionnés dans les deux articles précédents, celui qui aura fait une telle proposition sera puni de l'emprisonnement, d'un an à trois ans.

87 — Quiconque, sans mission du gouvernement ou motif

légitime, aura, dans un but coupable, pris le commandement d'une division, d'une troupe, d'une escadre, d'un bâtiment de guerre, d'une place forte, d'un poste, d'un port, d'une ville; quiconque aura retenu contre l'ordre du gouvernement, un commandement militaire quelconque; tout commandant qui, sans motif légitime, aura tenu sa troupe rassemblée après que le licenciement aura été ordonné par le gouvernement, sera puni de la peine de mort.

88 — Toute personne qui, pouvant disposer des troupes de ligne ou de police, en aura requis ou ordonné l'action ou l'emploi contre le recrutement ordonné par le gouvernement, sera puni de l'exil à perpétuité; si cette réquisition ou cet ordre ont été suivis d'effet, c'est-à-dire si l'exécution des ordres du gouvernement a été empêchée par suite de l'obéissance de la troupe à cette réquisition ou à cette ordre illégitime, celui qui a donné l'ordre sera puni de mort. La peine des travaux forcés à temps sera appliquée aux chefs ou commandants des individus qui auront obéi à ces ordres illégaux.

89 — Tout individu qui, de propos délibéré et par malveillance, aura incendié ou détruit des édifices, magasins de munitions ou autres propriétés appartenant au gouvernement sera puni de mort.

90 — Quiconque, soit pour envahir ou piller des domaines, propriétés ou deniers appartenant à l'État, ou des propriétés immobilières appartenant à une communauté d'individus, soit pour faire résistance à la force publique agissant contre les auteurs de ces crimes, se sera mis à la tête de bandes armées ou y aura exercé un commandement quelconque, sera puni de mort. Les individus faisant partie de ces bandes qui, sans y exercer aucun commandement ni emploi, auront été arrêtés sur les lieux, seront punis des travaux forcés à temps.

91 — Ceux qui auront, de près ou de loin, dirigé l'association dont il est fait mention à l'article précédent, organisé les bandes ou leur auront sciemment fourni ou procuré des armes, munitions et instruments de crime, ou envoyé des subsistances, ou qui auront, de toute autre manière, pratiqué des intelligences coupables avec les directeurs ou commandants des bandes; ceux qui enfin, connaissant le but et le caractère desdites bandes, leur auront, sans contrainte, fourni des logements, lieux de retraite ou de réunion, seront punis des travaux forcés à temps.

92 — Il ne sera prononcé aucune peine, pour le fait de sédition, contre ceux qui, ayant fait partie de ces bandes sans y exercer aucun commandement et sans y remplir aucun emploi, se seront retirés au premier avertissement des autorités civiles ou militaires, ou même depuis, lorsqu'ils n'auront été saisis que hors des lieux de la réunion séditieuse, sans opposer de résistance et sans armes. Ils ne seront punis dans ces cas que des crimes particuliers qu'ils auraient personnellement commis et, néanmoins, ils pourront être renvoyés sous la surveillance de la haute police pendant cinq ans au moins et dix ans au plus.

93 — Seront exemptés des peines prononcées contre les auteurs de la sédition, ceux des coupables qui, avant toute exécution de ces crimes et avant toutes poursuites commencées, auront les premiers donné aux autorités connaissance des auteurs, instigateurs ou complices, ou qui, depuis le commencement des poursuites, auront procuré leur arrestation. Ils seront néanmoins condamnés à rester pour un temps qui ne pourra excéder deux ans sous la surveillance de la haute police.

94 — Quiconque aura excité directement les citoyens ou habitants à commettre les crimes spécifiés dans le présent chapitre, soit en prenant la parole dans les places publiques, soit en affichant des placards, soit en distribuant des imprimés, sera puni comme les auteurs mêmes de ces crimes. Dans le cas cependant où ces excitations n'auraient pas été suivies d'effet, il sera puni de l'exil à perpétuité.

CHAPITRE III

De la corruption

95 — Est qualifié de corruption le fait, par un fonctionnaire, employé ou agent de l'autorité, ou de la justice, d'avoir agréé des promesses faites, ou reçu des dons ou présents pour remplir un acte de son ministère, même juste, ou pour s'abstenir de faire un pareil acte, même s'il lui paraissait injuste.

96 — Est considéré comme rentrant dans la catégorie des

dons et promesses l'avantage exceptionnel qui résulterait, pour le fonctionnaire ou l'agent, de l'aliénation d'un bien mobilier ou immobilier à un prix supérieur ou inférieur à sa valeur, ou de tout autre contrat passé entre le corrupteur et l'agent corrompu.

97 — La corruption existe même quand la promesse, le don ou l'avantage est fait dans le but ci-dessus, au profit de la femme, des enfants, des parents du fonctionnaire ou de l'agent, ou de tout protégé désigné par lui.

98 — Celui qui aura corrompu un fonctionnaire, employé ou agent, le fonctionnaire, employé ou agent, quel que soit son grade et ses fonctions, qui se sera laissé corrompre, et l'individu qui aura servi d'intermédiaire entre le corrupteur et le fonctionnaire ou agent, sera condamné à la détention à temps et à la privation de tous grades et fonctions publiques.

99 — L'objet du don ou sa valeur sera confisqué aux dépens du corrupteur, et celui qui se sera laissé corrompre sera en outre condamné à une amende égale à cette valeur.

100 — Si la corruption a été commise à l'aide d'une promesse, le corrupteur et l'agent corrompu seront condamnés à une amende égale au montant de cette promesse.

101 — Sera assimilé au corrupteur et puni des peines portées à l'article 99, celui qui aura usé de voies de fait ou de menaces envers le fonctionnaire, employé ou agent, pour obtenir un acte injuste ou l'abstention d'un acte rentrant dans son devoir.

102 — Ceux qui, dans le cas de l'article 98, auraient reçu sciemment des promesses, dons ou avantages, s'ils ne sont pas du reste intermédiaires actifs de la corruption, seront condamnés à l'emprisonnement pendant une année et à une amende calculée comme il est dit ci-dessus.

103 — Si celui qui s'est laissé corrompre est un juge ou un juré prononçant en matière criminelle, et que la corruption ait eu lieu, soit en faveur, soit au préjudice de l'accusé, la peine sera, outre l'amende, cinq années au moins de détention.

104 — La tentative de corruption quand les offres faites

ne seront pas agréées, ou de contrainte par voie de fait ou
menaces quand elle n'aura pas eu d'effet, sera punie d'une
année d'emprisonnement ; le coupable pourra aussi être privé
pendant six ans de tout emploi public, grade, traitemeut ou
pension.

105 — Celui qui, pour sauver sa vie, son honneur, ses
biens ou ses intérêts légitimes injustement menacés, aura été
contraint de faire un don ou une promesse à un fonctionnaire,
employé ou agent, et n'en aura pas averti l'autorité judiciaire
dès que les motifs de contrainte ou de crainte personnelle
auront disparu, pourra être condamné à la peine des corrup-
teurs, s'il a profité du don ou de la promesse faite par lui ; s'il
a averti l'autorité dans le délai ci-dessus ou si sa dénonciation
est antérieure à l'acte que la corruption devait lui procurer,
il n'encourra aucune peine.

106 — Dans ce cas, celui qui a exigé le don ou la pro-
messe subira la peine encourue pour la corruption.

107 — Le fonctionnaire ou agent, auquel il aurait été
offert ou fait un don ou une promesse dans le but ci-dessus in-
diqué et qui ne l'aurait pas immédiatement porté à la connais-
sance de l'autorité judiciaire, pourra être condamné aux peines
de la corruption s'il a reçu le don ou un titre d'engagement.

108 — Dans le cas où l'acte de corruption aurait pour
objet de faire commettre un crime emportant une peine plus
forte que celle prononcée contre la corruption, l'individu qui
aura commis le crime moyennant une somme d'argent, sera
condamné à la restitution de la valeur illégalement reçue, et
puni, ainsi que le corrupteur qui aura fait exécuter le crime
et l'intermédiaire, s'il y en avait un, des peines portées par le
présent code contre l'auteur ou le complice de ce crime.

109 — Dans le cas de l'article 104 ci-dessus, si la peine
prononcée contre l'accusé est supérieure à celle qui est pro-
noncée pour la corruption, les coupables de corruption seront
punis de cette même peine.

110 — Le juge ou l'administrateur qui se sera décidé par
faveur pour une partie, ou par inimitié pour une autre, sera
condamné à la privation de tous grades et fonctions publi-
ques.

CHAPITRE IV

Détournement de deniers publics, concussion

111 — Tout comptable de deniers ou d'effets appartenant à l'État qui les aura détournés, sera condamné à restituer au Trésor public le double de la valeur des objets détournés et puni de la détention à temps, sans que la durée de cette peine puisse en aucun cas, être moindre de cinq ans. Il sera en outre déclaré à jamais incapable d'être revêtu d'aucun grade et d'exercer aucune fonction publique.

112 — Tout individu qui, chargé d'acheter, de vendre, de fabriquer ou de faire fabriquer des objets de toute espèce, pour le compte du gouvernement, aura, au moyen de fraudes commises dans l'achat, la vente, la fixation du prix, la vérification de la quantité ou dans la confection de ces fournitures, procuré un bénéfice à lui-même ou à un tiers aux dépens du gouvernement, sera passible, comme voleur de deniers publics, de l'application des peines édictées en l'article précédent.

113 — Seront également punis des peines portées dans les articles précédents, les individus coupables des détournements ci-dessus énoncés qui ne seraient pas revêtus d'un grade ou d'une fonction publique.

114 — Les fonctionnaires qui, pour escompter des *serguis* ou autres titres de la dette publique recevront de l'argent des créanciers de l'État ou qui accepteront desdits créanciers des sommes d'argent ou autres présents pour leur faire obtenir le payement de leurs créances, seront punis de la détention à temps et en outre condamnés à la restitution des sommes ou objets reçus; seront passibles de l'application de ces mêmes dispositions, les personnes attachées au service particulier des fonctionnaires publics ou qui ont avec eux des rapports de parenté ou de dépendance, qui auront escompté des *serguis* avec leur assentiment; la même peine sera appliquée aux fonctionnaires qui auront favorisé ces abus.

115 — Tout fonctionnaire public, quelle que soit l'importance de ses fonctions, qui aura retenu tout ou partie de ce qui sera dû aux ouvriers employés par lui à des travaux ou transports relevant de son administration, pour salaires ou prix de ces travaux ou transports, ou qui aura fait travailler lesdits ouvriers en corvée et à titre gratuit ou à prix réduit en conservant pour lui le prix porté en compte à l'État, sera condamné à la peine de la détention à temps et, en outre, à payer le double du gain réalisé par lui, dont la moitié sera allouée aux ayants droit et l'autre moitié retenue à titre d'amende.

116 — Tout fonctionnaire public, quelle que soit l'importance de ses fonctions, qui, n'ayant pas employé le nombre prescrit d'agents de police affectés au maintien de la tranquillité publique et au service des perceptions, aura touché la totalité de la solde qui leur reviendrait, s'ils étaient au complet, qui les aura distraits entièrement de leur emploi véritable, pour les charger du service spécial de sa maison, ou qui aura fait inscrire les gens attachés à son service particulier sur les registres des agents de police, afin de pouvoir les payer sur la solde allouée à ces derniers, sera comdamné à la peine de la détention à temps, et, en outre, à payer le double des sommes reçues par lui, soit pour les hommes qui ne figureraient pas réellement dans les cadres, soit pour ceux qu'il aurait employés au service particulier de sa maison, soit pour les gens de son service qu'il aurait fait inscrire comme agents de police.

117 — Les fonctionnaires publics et tous autres individus qui auront, par fraude, nui à la liberté et à la sincérité des enchères et à l'adjudication des fermes et revenus de l'État, seront, en outre de la révocation de leurs fonctions, punis de l'emprisonnement, d'un an à deux ans ou de l'exil, de deux à trois ans. Ils seront tenus en même temps d'indemniser le Trésor public des pertes que ce fait aurait occasionnées.

118 — Tous les fonctionnaires publics, quelle que soit l'importance de leurs fonctions, qui, dans les affaires plus ou moins importantes dont l'administration ou la surveillance leur est confiée, auront spéculé, soit ouvertement, soit secrètement, soit directement, soit par interposition de personnes, qui se seront chargés, sans mission, de l'achat ou de la confection de fournitures pour le compte de l'État, ou qui se seront associés au vendeur de ces fournitures ou à la personne chargée de les confectionner, seront révoqués de leurs fonctions et punis de l'exil, d'un an à deux ans. Dans le cas où le fonctionnaire aurait reçu ou fait donner à un tiers, une commission sur les transactions publiques de cette nature ou réalisé ou permis à un tiers de réaliser des bénéfices sur le change des monnaies, la peine sera, outre la perte de l'emploi, l'emprisonnement d'un an à deux ans, ou l'exil de deux à trois ans.

118 — Les fonctionnaires appartenant à l'administration civile ou à celle des finances, qui, d'une manière quelconque, auront fait passer à leur compte les deniers de l'État ou facilité un délit du même genre en faveur d'un tiers, seront révoqués de leurs fonctions et punis de l'emprisonnement, de trois mois à deux ans, ou de l'exil, de six mois à trois ans, sans préjudice des peines du faux, s'il y a lieu.

119 — Les individus qui, ayant reçu la mission ou pris l'engagement de faire des fournitures pour les besoins des armées de terre ou de mer, auront fait manquer par leur propre faute le service dont ils étaient chargés seront soumis à une amende égale au quart du chiffre du montant des fournitures.

120 — Si des fonctionnaires publics ont aidé les coupables à faire manquer le service des fournitures, ils seront punis d'un emprisonnement de trois ans.

121 — Si les livraisons militaires convenues par contrat ont simplement été retardées par la faute des fournisseurs, les coupables seront condamnés à une amende dont le chiffre sera égal au quart des dommages-intérêts qu'ils seront tenus de payer, sans préjudice des peines prononcées pour tromperie sur la nature, ou la qualité, ou la quantité de la chose vendue, s'il y a lieu, conformément aux dispositions ci-dessous.

CHAPITRE V.

Abus d'autorité ; manquement aux devoirs d'une charge publique

122 — Tout fonctionnaire public qui, en vertu de l'autorité dont il est revêtu, aura donné un ordre à un juge ou un tribunal, ou exercé une pression sur ce juge ou ce tribunal pour obtenir une sentence soit en faveur, soit au préjudice

d'une des parties, sera condamné à l'emprisonnement d'un
mois à trois mois ; la peine sera portée de trois mois à dix-huit
mois d'emprisonnement ou de six mois à trois ans d'exil s'il
s'en est suivi une sentence reconnue injuste sur prise à partie
ou un déni de justice.

124 — Si le fonctionnaire public est intervenu auprès du
juge ou du tribunal en intercédant pour ou contre une des par-
ties par voie de demande, de prière ou de recommandation, il
sera condamné à une amende de 1,000 P. T. à 5,000 P. T.

125 — La peine sera de l'emprisonnement de quarante-
cinq jours à trois mois ou de l'exil de trois à six mois s'il s'en
est suivi une sentence injuste ou un déni de justice.

126 — Le juge et le président ou les membres d'un tribu-
nal qui auraient commis un déni de justice ou rendu une sen-
tence injuste par suite des faits ci-dessus seront condamnés à
trois ans d'exil et déclarés à jamais incapables d'exercer au-
cune fonction judiciaire.

127 — Dans tous les autres cas, le déni de justice sera
passible d'une amende de 800 P. T. à 2,000 P. T.

128 — Le fait par le juge de n'avoir pas dénoncé à la par-
tie publique l'immixtion du fonctionnaire public dans les cas
ci-dessus, pourra être considéré comme une faute disciplinaire
entraînant la révocation, laquelle sera prononcée dans les for-
mes légales, s'il y a lieu.

129 — Le fonctionnaire de l'ordre administratif qui aura
empiété sur les fonctions judiciaires, en connaissant des
droits et intérêts privés du ressort des tribunaux, et qui, après
la réclamation des parties ou de l'une d'elles, aurait statué sur
l'affaire avant la décision de l'autorité judiciaire, sera con
damné à une amende de 100 P. T. à 600 P. T.

130 — Tout fonctionnaire public, quelle que soit l'im-
portance et la nature de ses fonctions, qui aura fait usage de
son autorité pour entraver l'exécution des ordres émanés du
gouvernement ou des lois et règlements en vigueur, ou la
perception des contributions légales, ou l'exécution soit d'une
sentence, d'une ordonnance ou d'un mandat de justice, soit
de tout autre ordre émanant de l'autorité légitime, sera puni
de la peine de trois ans d'emprisonnement. Si les fonction-
naires ont été contraints d'agir par des ordres de leurs supé-

rieurs, auxquels ils devaient obéissance, les peines portées ci-dessus cesseront d'être applicables, et elles ne seront appliquées qu'aux supérieurs qui, les premiers, auront donné cet ordre, et si, par suite desdits ordres, il survient d'autres crimes punissables de peines plus fortes que celles énoncées ci-dessus, ces peines plus fortes seront appliquées aux fonctionnaires coupables d'avoir donné ces ordres.

131 — Les gouverneurs, receveurs généraux, juges, receveurs des finances, administrateurs de districts, qui auront, dans l'étendue du gouvernement de la province ou du district, enfin de tous les lieux où ils ont le droit d'exercer leur autorité, fait ouvertement, ou par des actes simulés, directement ou par interposition de personnes ou coassociation de toute espèce, le commerce des grains, denrées ou autres objets de première nécessité, commerce qui leur est formellement interdit, seront révoquées de leurs fonctions et punis d'une amende de 25 à 1,000 livres égyptiennes. N'est pas compris dans cette disposition le commerce des produits provenant des propriétés possédées par ces fonctionnaires dans l'étendue de ces mêmes lieux.

CHAPITRE VI

Des violences et mauvais traitements exercés par les fonctionnaires publics contre les particuliers

132 — Tout fonctionnaire faisant partie d'un tribunal, d'un conseil ou tout autre employé public, qui aura ordonné d'appliquer, ou aura appliqué lui-même les accusé à la question, sera puni de la détention à temps, et déclaré à jamais incapable d'être revêtu d'aucun grade, et d'exercer aucune fonction publique. Si ce sont des employés subalternes qui ont agi par ordre, la peine ne sera applicable qu'au supérieur qui aura donné cet ordre. Dans le cas où, par suite de la torture, la victime aurait succombé, ou perdu l'usage d'un membre, le fonctionnaire coupable sera puni des peines portées contre les auteurs d'homicide ou blessures.

133 — Tout fonctionnaire faisant partie d'un tribunal ou d'un conseil, ou tout autre fonctionnaire public, qui aura ordonné d'appliquer ou aura appliqué aux condamnés une peine plus forte que celle qui aura été légalement prononcée, sera puni de six mois à trois ans d'emprisonnement, et révoqué de son emploi, et ne pourra jamais remplir une fonction publique dans un tribunal ou conseil quelconque.

134 — Tout fonctionnaire public, tout officier de justice, commandant ou agent de la force publique, qui, agissant en cette qualité, se sera introduit dans le domicile d'un particulier contre le gré de celui-ci, hors les cas prévus par les lois, et sans observer les formalités prescrites par ces mêmes lois, sera puni de six mois à trois ans d'emprisonnement. Si, néanmoins, il justifie avoir agi par ordre de son supérieur, il sera exempt de la peine, laquelle sera, dans ce cas, appliquée seulement au supérieur qui aura donné l'ordre. Tout autre individu, non fonctionnaire public, qui se sera introduit, à l'aide de menaces ou de violences, dans le domicile d'un particulier, sera puni d'un emprisonnement d'une semaine à six mois.

135 — Les commandants et agents de la force publique, les agents de police, les huissiers chargés de mandats de justice, qui, dans l'exercice de leurs fonctions, ou lors de l'exécution des ordres de leurs supérieurs, auront usé de violence envers les personnes, de manière à compromettre leur honneur, ou à leur occasionner une souffrance corporelle, contrairement aux formes prescrites par les lois et règlements, seront, suivant la gravité de ces violences, punis d'un emprisonnement d'une semaine à un an, sans préjudice des peines plus fortes, si la violence a pris le caractère d'un délit plus grave ou d'un crime.

136 — Tout fonctionnaire ou dignitaire de l'État, quelles que soient ses fonctions ou son grade, qui, par abus d'autorité, aura acheté une propriété immobilière ou mobilière, contre le gré du propriétaire, qui s'en sera injustement emparé, ou qui aura obligé le propriétaire à la vendre à autrui, sera, suivant le degré de sa culpabilité, puni de la peine de l'exil de six mois à trois ans, et déclaré à jamais incapable d'être revêtu d'aucun grade et d'exercer aucune fonction publique.

Le jugement prononcera en outre la restitution du bien spolié ou de sa valeur s'il n'existe plus en nature.

137 — Les fonctionnaires publics, quels qu'il soient, placés à la tête d'une administration, les employés en sous-ordre, les préposés au service de ces fonctionnaires ou employés, les fermiers des différents revenus d'État, ainsi que leurs préposés, qui, dans la perception des impôts, dîmes, contributions indirectes ou autres taxes et redevances, se seront fait donner au-delà de ce qui est dû pour ces contributions, seront punis, savoir : les fonctionnaires placés à la tête d'une administration et les fermiers, de la peine de la détention à temps : les employés en sous-ordre et les préposés, de l'emprisonnement de six mois à trois ans. Le jugement prononcera en outre la restitution des sommes indûment perçues et une amende égale au montant de ces restitutions.

138 — Tout fonctionnaire public, quelle que soit l'importance de ses fonctions, qui aura pris une somme d'argent forte ou minime, ou tout autre objet à titre d'amende, en outre de l'amende pécuniaire fixée par la loi, ou qui se sera fait payer une somme excédant plus ou moins le chiffre de l'amende que la loi l'a chargé de percevoir, ou qui aura perçu l'amende avant que le payement n'en ait été ordonné par jugement, sera condamné à la peine de la détention à temps. Le jugement prononcera en outre la restitution des sommes illégalement perçues et une amende égale au montant des restitutions.

139 — Les fonctionnaires publics ou les notables des provinces qui auront employé des hommes en corvée à des travaux autres que ceux d'utilité publique déterminés par la loi, et ordonnés par le gouvernement, ou reconnus urgents dans l'intérêt des populations, seront punis, suivant le degré de gravité du cas, de la peine de l'exil de six mois à trois ans, ce qui entraînera révocation de leurs fonctions s'ils sont fonctionnaires. Le jugement prononcera la condamnation au montant des salaires revenant aux hommes qu'ils auront employés illégalement.

140 — Tous les fonctionnaires publics quels qu'ils soient, leurs préposés, les exécuteurs de mandats décernés par l'autorité supérieure, les huissiers chargés de mandats de justice, les officiers et soldats de l'armée ou les officiers et hommes de police qui, logés dans les maisons particulières situées sur leur route, s'y seront fait donner par force et à titre gratuit ou à prix réduit des vivres ou des fourrages, seront punis de l'emprisonnement d'une semaine à un mois. Dans le cas où ces violences auraient été commises par des troupes marchant en corps, les officiers de ces troupes seront punis d'un emprisonnement de six mois à trois ans. Les condamnations ci-dessus entraîneront révocation. Le jugement portera en outre condamnation au payement des prix des objets aux ayants droit.

CHAPITRE VII

Résistance, désobéissance, outrages envers l'autorité publique

141 — L'outrage commis par geste, paroles ou menaces contre un membre d'un tribunal, d'un conseil ou d'un jury, ou contre tout fonctionnaire public, sera puni d'un emprisonnement d'une semaine à six mois. Si l'outrage a eu lieu à l'audience d'un tribunal ou d'un conseil, l'emprisonnement sera de six mois à un an.

142 — L'outrage commis dans les mêmes circonstances contre un officier de justice, les troupes régulières et en général les agents dépositaires de la force publique ou toute personne chargée d'un service public, sera puni d'une amende de 100 à 300 P. T.

La peine sera d'une semaine à un mois d'emprisonnement si l'outrage a été dirigé contre les officiers de ces troupes ou les commandants de la force publique.

143 — Tout individu qui, même sans armes, et sans qu'il en soit résulté des blessures, aura frappé une des personnes désignées dans les deux articles précédents dans l'exercice de ses fonctions, ou à l'occasion de cet exercice, sera puni d'un emprisonnement de six mois à deux ans.

144 — Si les voies de fait exercées ont été la cause de blessures ou de maladie, le maximum de la peine indiquée par l'article précédent sera appliqué et cette peine pourra être élevée au double de celle qui est prononcée à raison de coups et blessures contre des particuliers.

145 — L'attaque ou la résistance avec violence ou voies de fait contre les agents de la force publique, les officiers de justice, les préposés à la perception des revenus publics et des droits de douane ou toute personne chargée d'un service public, agissant pour l'exécution des lois, des ordres de l'autorité publique ou des mandats de justice, est punie de la peine de ixd jours six à mois d'emprisonnement ; la peine sera de six mois à deux ans si le coupable était porteur d'armes, sans préjudice de peines plus fortes, aux termes de l'article 91, si la résistance ou l'attaque ont eu lieu en bande de vingt personnes et au-dessus.

CHAPITRE VIII

Evasion de détenus, recèlement de criminels

146 — Les condamnés à une peine temporaire qui se seront évadés soit du lieu où ils sont détenus, soit pendant leur transfèrement, seront condamnés à une peine égale à la moitié de celle pour laquelle ils étaient détenus.

147 — Si l'évadé avait été condamné à l'exil à temps il exécutera la peine restant à courir et la nouvelle peine prononcée pour évasion, dans une maison de détention.

S'il avait été condamné à l'exil à perpétuité, la peine prononcée pour évasion sera celle de la détention à perpétuité.

S'il avait été condamné à la détention à perpétuité, la peine sera des travaux forcés à perpétuité.

148 — L'individu arrêté préventivement, qu'il soit sous le coup d'un mandat ou écroué, sera, s'il s'est évadé, condamné à un emprisonnement de six mois à un an, qui ne pourra être compensé avec la peine prononcée pour le délit ou le crime qui a motivé l'arrestation, et qui commencera à courir seulement du jour de l'expiration de cette peine ou du jour où l'arrestation préventive aurait dû cesser par suite d'une mise en liberté sous caution, ordonnance de non-lieu ou un jugement d'acquittement ou d'absolution.

149 — Les individus non chargés de la garde des détenus, qui auront procuré ou facilité l'évasion, seront punis d'une semaine à six mois d'emprisonnement.

150 — Les individus, chargés ou non de la garde des

détenus, qui, pour favoriser leur évasion, auront fourni des armes ou instruments propres à l'opérer avec violence contre les personnes, seront punis des travaux forcés à temps.

151 — Lorsque les individus chargés de la garde des détenus, en auront procuré l'évasion et y auront été provo· qués par le don d'une somme d'argent ou tout autre présent, ou par des promesses, ils seront, si le détenu est prévenu d'un crime de nature à entraîner la peine de mort, les travaux forcés à perpétuité ou la détention à perpétuité, condamnés à une amende double de la somme reçue et punis des travaux forcés à temps ; dans le cas où l'évadé serait prévenu de crimes emportant une pénalité moins forte, ils seront passibles de peines de la corruption, qui seront dans tous les cas prononcées contre ceux qui auront fait les dons et promesses.

152 — Ceux qui auront recélé chez eux des personnes condamnées pour crime, qu'ils savaient s'être évadées, ou des inculpés qn'ils savaient être sous le coup d'un mandat de justice pour avoir commis un crime, seront punis d'un emprisonnement de six mois à deux ans. Sont exceptés de la présente disposition les ascendants ou descendants, époux ou épouse, frères ou sœurs ou alliés au même degré des criminels recélés.

La peine sera de un mois à trois mois si l'individu recélé avait été condamné pour un délit ou était prévenu d'un délit.

CHAPITRE IX

Bris de scellés et enlèvement d'effets et pièces officielles en dépôt

153 — Lorsque les scellés apposés pour la conservation d'un lieu, de papiers ou d'effets mobiliers par suite d'un ordre émané de l'autorité supérieure, ou par une ordonnance de justice en quelque matière que ce soit, auront été brisés. ɪes gardiens, s'il y en a, seront punis pour négligence d'une amende de 500 à 5,000 P. T.

154 — S'il s'agit de scellés apposés sur des papiers et effets appartenant à un individu prévenu, accusé ou condamné à raison d'un crime, le gardien négligent sera, suivant le degré de gravité de ce crime, puni de trois mois à un an d'emprisonnement.

155 — Quiconque aura brisé des scellés apposés sur des papiers ou effets de la catégorie énoncée dans l'article précédent, sera puni de six mois à un an d'emprisonnement ; et si le coupable est le gardien lui-même, il sera puni d'un an à trois ans de la même peine.

156 — S'il s'agit du bris des scellés apposés pour tout autre motif, les coupables seront punis d'une semaine à six mois d'emprisonnement ; et si le coupable est le gardien lui-même, il sera puni de six mois à un an de la même peine.

157 — Tout vol commis à l'aide d'un bris de scellés, sera puni comme vol commis à l'aide d'effraction.

158 — Quand il y aura soustraction, enlèvement et destruction de documents d'actes, registres et rôles concernant l'État, ou des pièces de procédure judiciaire, contenus dans des dépôts publics ou remis entre les mains de la personne chargée de leur conservation, la peine sera, contre le dépositaire négligent, d'une amende égale au chiffre de son traitement mensuel et d'un emprisonnement d'une semaine à trois mois.

159 — Quiconque se sera rendu coupable des soustraction, enlèvement ou destruction mentionnés en l'article précédent, sera puni de six mois à deux ans d'emprisonnement. Si le fait est l'œuvre du dépositaire lui-même, il sera puni d'une amende égale au chiffre de son traitement mensuel et d'un an à trois ans d'emprisonnement.

160 — Si le bris des scellés, les soustractions, enlèvement ou destruction de pièces ont été commis avec violences exercées envers les dépositaires, les coupables seront punis des travaux forcés à temps.

161 — Toute suppression, toute ouverture de lettres confiées à la poste ou à d'autres intermédiaires de ce genre, commise ou facilitée directement ou indirectement par un fonctionnaire public ou agent du gouvernement, sera punie d'une amende de 100 P. T. à 500 P. T. et d'un mois à trois ans d'emprisonnement. Les employés de l'administration des postes qui auraient connu le fait et auraient laissé commettre la suppression ou l'ouverture, même par un particulier, seront passibles des mêmes peines.

CHAPITRE X

Usurpation de titres ou fonctions

162 — Quiconque , sans titre ou autorisation du gouvernement, se sera immiscé dans des fonctions publiques, civiles ou militaires, ou aura exercé les attributions d'une de ces fonctions , sera puni d'un emprisonnement de trois mois à trois ans. Cette condamnation sera prononcée sans préjudice de la peine de l'escroquerie et du faux, si l'acte auquel il s'est livré ou les pièces qu'il a produites portent ce caractère.

163 — Toute personne qui aura porté soit un costume officiel réservé à un grade supérieur au sien, soit un uniforme quelconque, sans être investie elle-même d'aucun grade ni d'aucune fonction publique qui l'y autorise, sera punie de trois mois à un an d'emprisonnement.

CHAPITRE XI

Entraves au libre exercice des cultes

164 — Quiconque aura troublé l'exercice d'un des cultes autorisés et des cérémonies religieuses relatives à ces cultes, ou qui l'aura entravé par des voies de fait ou des menaces, sera, selon le degré de gravité du cas, puni d'une semaine à trois mois d'emprisonnement,

---

CHAPITRE XII

Dégradation des monuments

165 — Quiconque aura détruit, abattu, mutilé ou dégradé les édifices ou monuments destinés à l'utilité ou à la décoration publique, coupé ou détruit les arbres plantés dans les cours des mosquées, les rues, promenades, bazars et places publiques, sera puni d'un emprisonnement d'un mois à un an, ainsi que d'une amende de 100 P. T. à 1,000 P. T. sans préjudice de la condamnation au montant du dommage causé.

CHAPITRE XIII

Obstacles apportés aux communications télégraphiques

166 — Quiconque, par négligence, aura compromis le service télégraphique, ou en aura détérioré les appareils, de manière à interrompre les communications, sera puni d'une amende de 500 à 5,000 P. T. ; en cas de malveillance constatée, l'amende sera accompagnée d'un emprisonnement de trois mois à deux ans.

167 — Quiconque, par la rupture des fils conducteurs, appareils, isolements ou poteaux, ou par toute autre manière, aura causé volontairement l'interruption de la correspondance télégraphique, sera puni de trois mois à deux ans d'emprisonnement, et d'une amende de 500 à 5,000 P. T., sans préjudice de la réparation du dommage.

168 — Quiconque, dans un moment de trouble ou de sédition, aura détruit une ou plusieurs lignes télégraphiques, ou les aura rendues, même temporairement, impropres au service, de quelque manière que ce soit, ou s'en sera emparé de vive force ou autrement, de manière à interrompre les communications entre les dépositaires de l'autorité publique, ou à empêcher la transmission des correspondances particulières, ou enfin qui se sera opposé avec violence au rétablissement d'une ligne télégraphique, sera puni des travaux forcés à temps, et d'une amende de 5,000 à 20,000 P. T. sans préjudice de la réparation du dommage.

CHAPITRE XIV

Décrets relatifs à l'imprimerie, à la presse, et à l'enseignement public

169 — Quiconque aura ouvert et exploité une imprimerie sans autorisation du gouvernement, sera puni d'une amende de 50 livres égyptiennes; la fermeture de l'établissement sera ordonnée.

170 — Celui qui aura imprimé ou fait imprimer, publié ou distribué des écrits contenant des outrages envers le souverain, le gouvernement ou les dépositaires de l'autorité publique, sera puni d'une amende de 10 à 50 livres égyptiennes.

171 — Les imprimés pourront être préventivement saisis par mandat de justice, et le jugement de condamnation pourra ordonner la fermeture temporaire ou définitive de l'imprimerie.

172 — La peine de 1 à 5 livres égyptiennes d'amende et de vingt-quatre heures à une semaine d'emprisonnement, sera prononcée contre ceux qui auront imprimé, fait imprimer, publié ou distribué des écrits contraires aux bonnes mœurs, ou des figures ou dessins obscènes.

173 — Ceux qui auront ouvert une école, en contravention aux lois et règlements qui régissent l'instruction publique, seront punis d'une amende de 5 à 30 livres égyptiennes. Le jugement ordonnera la fermeture de l'école.

CHAPITRE XV

Fausse Monnaie

174 — Celui qui aura contrefait les monnaies d'or et d'argent ayant cours légal dans l'État, qui en aura diminué la valeur en extrayant à l'aide de limes, emporte-pièces, eau-forte ou autres moyens, une partie de la matière d'or ou d'argent qui y est contenue; qui aura communiqué à une monnaie une couleur propre à la faire passer pour une monnaie de plus grande valeur, ou participé à l'émission desdites monnaies contrefaites ou altérées ou à leur introduction sur le territoire du pays, ou qui enfin se sera fait une occupation de leur mise en circulation, sera puni des travaux forcés à temps, sans que la durée de cette peine puisse en aucun cas être moindre de dix ans.

175 — Quiconque aura contrefait des monnaies de cuivre ayant cours dans l'État, ou participé à l'émission desdites monnaies contrefaites ou à leur introduction sur le territoire du pays, sera puni des travaux forcés à temps.

176 — Tout individu qui aura, dans l'État, contrefait des monnaies étrangères, diminué la valeur ou altéré la couleur des monnaies étrangères à l'aide des moyens spécifiés dans l'article 176 ou participé à l'émission ou à l'introduction dans le pays des monnaies étrangères contrefaites ou altérées, ou qui se sera fait une occupation de leur mise en circulation, sera puni des travaux forcés à temps.

177 — La participation énoncée aux précédents articles ne s'applique point à ceux qui, ayant reçu pour bonnes des pièces de monnaie contrefaites ou altérées, les ont mises en circulation; toutefois celui qui aura fait usage desdites pièces après en avoir vérifié les vices, sera puni d'une amende triple au moins et sextuple au plus de la somme représentée par les pièces qu'il aura rendues à la circulation, sans que cette amende puisse en aucun cas être inférieure à 100 P. T.

178 — Les personnes coupables des crimes mentionnés

aux articles 176, 177 et 178 seront exemptes des peines, si, avant la consommation de ces crimes et avant toutes poursuites, elles en ont donné connaissance aux autorités constituées, ou si, même après les poursuites commencées, elles ont procuré l'arrestation des autres coupables; elles seront néanmoins temporairement placées sous la surveillance de la haute police.

CHAPITRE XVI

Du Faux

179 — Ceux qui auront contrefait ou fait contrefaire, falsifié ou fait falsifier les firmans émanées du gouvernement; ceux qui auront contrefait ou fait contrefaire le cachet, la signature ou le paraphe des fonctionnaires de l'État; ceux qui auront contrefait le sceau du souverain ou de l'Etat, d'une administration ou d'une autorité publique, ou qui auront fait usage du sceau contrefait; ceux qui auront contrefait ou falsifié les inscriptions de rente, bons, *serguis* et tous autres effets émis par le Trésor ou les caisses publiques, ou auront fait usage des effets contrefaits ou falsifiés, ou qui les auront introduits sur le territoire du pays, seront punis des travaux forcés ou de la détention à temps, sans que la durée de la peine puisse en aucun cas être moindre de dix ans.

180 — Sera puni de trois ans d'emprisonnement, quiconque s'étant indûment procuré les vrais timbres en aura fait un usage préjudiciable aux intérêts de l'Etat, du pays ou des particuliers.

181 — Ceux qui auront contrefait les sceaux, timbres ou marques destinés à être apposés, au nom du gouvernement, sur les diverses espèces d'objets ou de marchandises; ceux qui auront contrefait les sceaux, timbres ou marques d'une autorité quelconque, d'une société autorisée par l'Etat, ou d'une maison de commerce, ou qui auront fait usage des sceaux, timbres et marques contrefaits, seront punis de trois ans d'emprisonnement et condamnés à la réparation du préjudice occasionné par cet acte.

182 — Sera puni de six mois à un an d'emprisonnement

quiconque s'étant indûment procuré les vrais sceaux, timbres ou marques ayant l'une des destinations exprimées ci-dessus, en aura fait un usage préjudiciable aux intérêts d'une autorité constituée, d'une société de commerce ou d'un établissement particulier quelconque, sans préjudice des condamnations au montant du préjudice causé.

183 — Les personnes coupables des crimes de faux mentionnés aux articles précédents, seront exemptes des peines, si, avant la consommation de ces crimes, et avant toutes poursuites, elles en ont donné connaissance et révélé les auteurs aux autorités constituées, ou si, même après les poursuites commencées, elles ont procuré l'arrestation des autres coupables; elles seront néanmoins temporairement placées sous la surveillance de la haute police.

184 — Tout fonctionnaire public qui, dans l'exercice de ses fonctions, aura commis un faux, soit par des écritures intercalées sur des sentences, rapports, procès-verbaux ou autres documents ou sur des registres, rôles ou autres actes publics, soit par altération des écritures, cachets ou signatures, soit par supposition de personnes, sera puni des travaux forcés ou de la détention à temps, sans que la durée de la peine puisse en aucun cas être moindre de dix ans.

185 — Sera punie des travaux forcés ou de la détention à temps, pendant sept ans au plus, toute autre personne, ne faisant pas partie de la classe des fonctionnaires publics, qui aura commis le faux.

186 — Sera aussi puni des travaux forcés ou de la détention à temps, sans que la durée de la peine puisse en aucun cas être moindre de dix ans, tout fonctionnaire employé dans un tribunal ou conseil ou tout autre bureau relevant de l'administration publique, qui, en rédigeant les actes de son ministère, en aura frauduleusement dénaturé la substance ou les circonstances, soit en altérant la déclaration des parties intéressées que ces actes avaient pour objet de recevoir, soit en constatant sciemment comme vrais des faits faux ou comme avoués des faits qui ne l'étaient pas.

187 — Celui qui aura fait usage des actes faux, mentionnés dans les deux articles précédents, les connaissant pour tels, sera puni des travaux forcés ou de la détention à temps, sans qu'en aucun cas la durée de la peine puisse excéder sept ans.

188 — Tout individu qui aura, de l'une des manières exprimées ci-dessus, commis un faux en écriture privée ou qui, sciemment, aura fait usage de la pièce fausse, sera puni d'un an à trois ans d'emprisonnement.

189 — Quiconque prendra dans une feuille ou permis de route, ou passeport, un nom supposé, ou qui aura sciemment servi de garant pour faire obtenir la pièce sous le nom supposé, sera puni de six mois à deux ans d'emprisonnement.

190 — Quiconque fabriquera une fausse feuille de route ou faux permis de route, ou passeport, ou falsifiera une pièce de ce genre, originairement véritable, ou fera usage d'une pièce de cette nature, fabriquée ou falsifiée, sera puni d'un an à trois ans d'emprisonnement.

191 — Les maîtres de khans (hôtelleries), de cafés, les teneurs de chambres ou appartements garnis, aubergistes et autres logeurs à la journée, qui, sciemment feront inscrire sur leurs registres, sous des noms faux ou supposés, les personnes logées chez eux, seront punis d'un mois à trois mois d'emprisonnement.

192 — Les fonctionnaires publics qui délivreront une feuille de route sans avoir exigé les garanties d'usage, conformément aux règlements en vigueur, seront punis de six mois à un an d'emprisonnement, ce qui entraînera la destitution. Si le fonctionnaire public instruit de la supposition du nom, a néanmoins délivré la feuille de route sous le nom supposé, la durée de l'emprisonnement sera de six mois à deux ans.

193 — Toute personne qui, pour se soustraire elle-même à un service public quelconque, ou pour en affranchir un autre, fabriquera ou fera fabriquer, sous le nom d'un médecin ou chirurgien, un faux certificat d'infirmité, sera puni d'un an à trois ans d'emprisonnement.

194 — Tout médecin ou chirurgien qui, cédant à une sollicitation, ou par complaisance, certifiera faussement des maladies ou infirmités de nature à exempter d'un service public, sera puni d'un an à trois ans d'emprisonnement. S'il a été mu par promesses, dons ou présents, il sera passible des peines prononcées contre la corruption, et les corrupteurs seront punis des peines que leur crime entraîne.

195 — Les peines prononcées dans les deux articles qui

précèdent seront appliquées s'il s'agit de certificats destinés à être produits en justice.

196 — L'application des peines portées contre ceux qui ont fait usage d'un sceau, d'un cachet, d'un timbre, d'une pièce fausse ou contrefaite, quelle qu'elle soit, cessera toutes les fois que le faux n'aura pas été connu de la personne qui aurait fait usage de la chose fausse.

Titre III

DES CRIMES ET DÉLITS CONTRE LES PARTICULIERS
ET DE LEUR PUNITION

CHAPITRE PREMIER

Incendie volontaire

197 — Quiconque aura volontairement mis le feu à des édifices quelconques situés dans les villes, bourgs et villages, à des constructions situées en dehors de leur enceinte ou à des navires, bateaux, chantiers ou magasins, et généralement à tous lieux habités ou servant à l'habitation, qu'ils appartiennent ou n'appartiennent pas à l'auteur du crime, sera puni de mort. La même peine sera prononcée contre ceux qui auront mis le feu volontairement à des wagons ou voitures contenant des personnes, ou faisant partie d'un convoi qui en contient.

198 — Quiconque aura volontairement mis le feu à des édifices, des navires, bateaux, chantiers ou magasins, lorsqu'ils ne sont pas habités ou ne servent pas à l'habitation, ou à des forêts, bois taillis ou récoltes sur pied, lorsque ces objets ne lui appartiennent pas, sera puni de la peine des travaux forcés à perpétuité.

199 — Sera puni des travaux forcés à temps celui qui, en mettant le feu à l'un des objets énumérés ci-dessus, et à lui-même appartenant ou sur l'ordre des propriétaires, aura causé préjudice à autrui.

200 — Celui qui aura volontairement mis le feu à des bois de construction ou de chauffage ou à des récoltes abattues, si ces objets ne lui appartiennent pas, ou à des voitures ou wagons chargés ou non de marchandises et ne faisant pas partie d'un convoi contenant des personnes, sera puni des travaux forcés à temps ; et si, en mettant le feu aux objets susmentionnés et à lui-même appartenant ou sur l'ordre du propriétaire, il a volontairement causé un préjudice quelconque à autrui, il sera puni de la détention à temps.

201 — La peine sera la même, suivant les différents cas spécifiés dans les articles ci-dessus, si le feu, au lieu d'être mis directement, a été mis à des objets quelconques destinés à le communiquer.

202 — Dans tous les cas, si l'incendie a occasionné la mort d'une ou de plusieurs personnes se trouvant dans les lieux incendiés au moment où le feu a éclaté, la peine contre tous les auteurs volontaires de l'incendie sera la mort.

203 — Lorsque la destruction aura eu lieu à l'aide d'une mine, il sera appliqué, suivant les cas ci-dessus, la même peine que si la destruction avait eu lieu par incendie.

CHAPITRE II

Homicide, blessures, coups, menaces

204 — L'homicide volontaire, commis avec préméditation légalement constatée, est puni de mort.

205 — La préméditation est le dessein, même conditionnel, formé avant l'action, d'attenter à la vie d'un individu déterminé ou même de celui qui pourrait être trouvé ou rencontré.

206 — L'empoisonnement, par l'administration d'une substance toxique capable de donner la mort plus ou moins promptement, et le guet-apens impliquent toujours préméditation.

207 — La peine de mort sera aussi prononcée contre les

malfaiteurs de profession reconnus comme tels par leurs an-
técédents, qui, pour arriver à l'exécution d'un crime, auront
employé des tortures ou commis des actes de cruauté contre
une personne quelconque.

208 — L'homicide volontaire commis sans préméditation
sera puni de quinze années de travaux forcés.

209 — Néanmoins le crime emportera peine de mort si
l'homicide volontaire a été précédé, accompagné ou suivi d'un
autre crime, ou lorsqu'il aura eu pour but de préparer, faci-
liter ou exécuter un délit ou de favoriser la fuite ou l'impunité
des auteurs ou complices de ce délit.

210 — Les complices d'un homicide entraînant la peine
de mort pour son auteur seront condamnés aux travaux for-
cés à temps.

211 — Lorsque la peine de mort aura été remise par
ceux qui ont droit de gracier de la peine du talion, le con-
damné sera puni de la peine des travaux forcés à perpétuité
ou à temps, sans que cette dernière peine puisse être moindre
de quinze années.

212 — La tentative d'homicide volontaire même avec
préméditation, quelle que soit la gravité des coups et blessu-
res, et même si celui qui en était l'objet n'a pas été atteint,
sera punie des travaux forcés à temps.

213 — L'homicide involontaire commis ou causé par ma-
ladresse, imprudence, négligence, inattention ou inobservation
des règlements sera puni d'un emprisonnement de six mois à
deux ans.

214 — Quiconque aura recélé le corps d'une personne
morte de mort violente, ou qui l'aura inhumée sans en avoir
donné avis aux autorités compétentes, et avant qu'il n'ait été
procédé à une enquête, sera puni d'un emprisonnement d'un
mois à un an et d'une amende de 100 à 500 P. T., sans pré-
judice des peines qu'il pourra encourir comme auteur ou
complice de l'homicide.

215 — Quiconque aura fait des blessures ou porté des
coups, de manière à occasionner l'amputation ou la perte de
l'usage d'un membre, sera puni des travaux forcés pendant

trois ans. Lorsqu'il y a eu préméditation dûment constatée, la durée de la peine sera élevée jusqu'à dix ans.

216 — Sera puni d'un emprisonnement de trois mois à deux ans, tout individu qui aura fait des blessures ou porté des coups, s'il est résulté de ces sortes de violences une maladie ou incapacité de travail personnel pendant plus de vingt jours ; s'il y a eu préméditation dûment constatée, l'emprisonnement sera de six mois à trois ans.

217 — Lorsque les blessures ou les coups n'auront pas le degré de gravité mentionné aux deux articles précédents, le coupable sera puni d'un emprisonnement d'une semaine à un an. En cas de préméditation constatée, l'emprisonnement sera d'un mois à deux ans.

218 — Quiconque aura, par maladresse, imprudence, négligence, inattention ou inobservation des règlements, été cause de blessures, sera puni d'une semaine à deux mois d'emprisonnement.

219 — Si les crimes ou les délits de meurtre, blessures ou coups volontaires sont commis avec rébellion ou pillage, non-seulement les auteurs personnels de ces crimes ou délits seront punis d'après les lois, mais les instigateurs et provocateurs de ces rébellions ou pillages, seront également punis, pour ces crimes ou délits, des mêmes peines que ceux qui les ont personnellement commis.

220 — Si un homicide est commis par l'ordre d'un supérieur disposant de moyens de contrainte pour faire exécuter sa volonté, le supérieur seul sera puni comme meurtrier.

Par les mots : « disposer de moyens de contrainte, » on entend : posséder le pouvoir de mettre à mort celui qui se refuserait à exécuter l'ordre reçu. Hors ce cas, l'inférieur qui a exécuté un pareil ordre ne peut être excusable et est puni comme meurtrier, et le supérieur qui a ordonné l'homicide sans disposer de moyens de contrainte, est condamné aux travaux forcés à temps.

221 — Dans le cas où l'auteur des blessures ou coups aura agi par ordre d'un supérieur pouvant disposer de moyens de contrainte, ce dernier sera, selon le degré de gravité des violence commises, passible des peines prononcées ci-dessus contre les auteurs de ces violences ; si le supérieur qui a donné l'ordre ne dispose pas de moyens de contrainte, la peine sera applicable à l'auteur même des blessures ou des coups, et le supérieur qui a donné l'ordre sera puni d'une semaine à un an d'emprisonnement.

Néanmoins celui qui aura ordonné à un individu de commettre des violences de manière à occasionner l'amputation ou la perte de l'usage d'un membre, sera dans tous les cas puni des travaux forcés à temps.

222 — N'est pas passible d'aucune peine celui qui aurait commis l'homicide ou fait des blessures par suite de la nécessité actuelle de défendre sa vie ou celle d'autrui, ou de repousser un attentat à la pudeur avec violence sur soi-même ou autrui.

223 — Ne tombent également sous l'application d'aucune peine, l'homicide, les blessures et les coups, s'ils ont été commis en repoussant pendant la nuit l'escalade d'une maison, d'une boutique ou d'une chambre, l'effraction d'enclos fermés à serrure ou l'effraction des murs ou de l'entrée d'une maison habitée ou de ses dépendances.

Si le fait est arrivé pendant le jour, l'homicide, les blessures et les coups ne sont pas complétement exempts de peine, et l'auteur déclaré excusable, est traité d'après les dispositions de l'article 228.

224 — L'individu qui, ayant surpris son épouse en flagrant délit d'adultère, l'aurait tuée à l'instant même ainsi que son complice, est également excusable.

225 — L'auteur du meurtre ou des coups et blessures ne pourra jamais être déclaré excusable pour avoir repoussé les actes violents des troupes ou des agents de la force publique agissant dans l'exercice de leurs fonctions et dans les limites des règlements particuliers relatifs à leur service.

226 — Les auteurs de meurtres, de blessures ou de coups dont l'excusabilité aura été légalement reconnue, seront punis d'un emprisonnement de trois mois, à six mois s'il s'agit de délits, à moins que la loi ne prononce une peine moins forte en dehors du cas d'excusabilité, et de six mois, à trois ans, si le fait est qualifié crime. En cas de crime, il pourront être de plus placés sous la surveillance de la haute police, de cinq à dix ans, suivant la gravité du cas.

227 — Dans tous les cas prévus au présent chapitre, le prix du sang sera réglé conformément au *Chéri* pour tous ceux

qui sont justiciables de cette loi, ou les dommages-intérêts
accordés dans les termes et dans les formes du droit com-
mun.

228 — Quiconque, pour décider quelqu'un à lui remettre
ou à déposer dans un endroit déterminé une somme d'argent
ou d'objets quelconques, ou à remplir toute autre condition,
l'aurait menacé par un écrit, ou une communication verbale
transmise par un tiers, d'un attentat passible de la peine de
mort ou des travaux forcés à perpétuité, sera puni de la peine
des travaux forcés à temps.

Si l'attentat contenu dans la menace implique une peine
moins forte ou si la menace est faite verbalement et directe-
ment, la peine sera de l'emprisonnement d'un à trois ans et
d'une amende de 300 à 2,000 P. T.

CHAPITRE III

Avortement, débit de boissons falsifiées, vente de substances toxiques sans exiger de garantie de l'acheteur.

229 — Quiconque, par coups ou autres violences, aura
volontairement procuré l'avortement d'une femme enceinte,
sera puni de la peine des travaux forcés à temps.

230 — Quiconque, par l'administration de médicaments,
l'emploi ou l'indication des moyens propres à cet effet, aura
procuré l'avortement d'une femme enceinte, soit qu'elle y ait
consenti ou non, sera puni d'un emprisonnement de six mois
à deux ans.

231 — La femme qui aura consenti à prendre sciemment
les médicaments ou à employer ou laisser employer les
moyens indiqués, et qui aura effectivement avorté, sera punie
de la même peine.

232 — Si le coupable est un médecin, chirurgien ou
pharmacien, il sera condamné aux travaux forcés à temps. La
tentative d'avortement ne sera, en aucun cas, poursuivie.

283 — Quiconque aura administré volontairement à une personne des substances qui, sans être de nature à lui donner la mort, auront eu pour effet une maladie ou une incapacité temporaire de travail, sera puni d'un emprisonnement d'un mois à un an.

284 — Toute personne qui, sans être munie d'un diplôme, aura ouvert un établissement de pharmacie, sera punie d'une amende de 10 à 50 livres égyptiennes.

285 — Quiconque aura débité des boissons falsifiées contenant des mixtions nuisibles à la santé, ou des substances toxiques, sans avoir obtenu de l'acheteur les garanties prescrites par les règlements, sera puni d'un emprisonnement d'une semaine à deux ans, d'une amende de 1 à 25 livres égyptiennes et de la confiscation de ces substances. Les boissons falsifiées trouvées en la possession ou au domicile du délinquant seront confisquées et détruites.

CHAPITRE IV

Attentats aux mœurs

286 — Tout attentat à la pudeur commis sans violence sur un enfant agé de moins de onze ans, sera puni d'un emprisonnement de six mois à trois ans.

287 — Quiconque aura commis sur toute personne un attentat à la pudeur avec violence, sera puni des travaux forcés à temps.

288 — Si les coupables d'attentat à la pudeur avec violence sont de ceux qui sont chargés de l'éducation ou de la surveillance de la victime ou·qui ont autorité sur elle, ou s'ils sont ses serviteurs à gages, ou les serviteurs à gages des personnes désignées ci-dessus, la peine sera celle des travaux forcés à temps, sans que la durée de la peine puisse être moindre de cinq ans.

289 — Celui qui, ayant abusé d'une fille ayant atteint l'âge de puberté, en la trompant par des promesses positives·

de mariage constatées par écrit ou par l'aveu du prévenu, refusera de l'épouser, sera condamné à un emprisonnement de six jours à six mois.

240 — Le proxénète qui aura attenté aux mœurs en excitant, favorisant ou facilitant habituellement la débauche ou la corruption de la jeunesse de l'un ou l'autre sexe au-dessous de l'âge de vingt et un ans, sera puni d'un emprisonnement d'un mois un an.

241 — Si la débauche ou la corruption des jeunes gens a été excitée, favorisée ou facilitée par leurs pères, mères ou tuteurs, la peine sera de six mois à un an et demi d'emprisonnement.

242 — L'adultère ne pourra être poursuivi que sur la plainte portée par le mari, et, à défaut de celui-ci, par le tuteur du mari.

243 — La femme dont l'adultère aura été constaté subira l'emprisonnement pendant trois mois au moins et deux ans au plus ; mais le mari restera le maître d'arrêter l'effet de cette condamnation en consentant à reprendre sa femme avec lui.

244 — Le complice de la femme adultère sera également puni de trois mois à deux ans d'emprisonnement, et en outre, d'une amende de 10,000 P. T.

245 — Les preuves qui pourront être admises contre le prévenu de complicité, seront, outre son aveu et le flagrant délit, celles résultant de sa présence dans le harem d'un musulman ou de lettres ou autres pièces écrites par lui. Aucune autre preuve ne sera admise.

246 — Le mari qui entretiendra un commerce adultérin dans la maison conjugale, et qui aura été convaincu sur la plainte de sa femme, sera puni d'une amende de 500 à 10,000 P. T.

247 — Quiconque aura commis un outrage public à la pudeur sera puni d'un emprisonnement de trois mois à un an, et d'une amende de 100 à 1000 P. T.

248 — Ceux qui auront adressé, même non publiquement, des propos indécents à des jeunes gens de l'un ou de l'autre sexe, au-dessous de 21 ans, seront punis d'une semaine à un mois d'emprisonnement ; les individus qui auront porté la main sur leur personne seront condamnés à un emprisonnement d'un à trois mois, sans préjudice des peines prononcées pour l'outrage public à la pudeur, si le fait ci-dessus a lieu publiquement.

CHAPITRE V

Arrestations illégales, séquestrations de personnes, vols d'enfants et d'adolescents, enlèvement des filles

249 — Quiconque, sans ordre des autorités compétentes, et hors le cas où les lois et règlements ordonnent de saisir des prévenus, d'après les formalités prescrites, aura arrêté, détenu ou séquestré une personne quelconque, sera puni d'un emprisonnement de six mois à trois ans.

250 — Tout individu qui aura sciemment prêté un lieu pour la détention ou la séquestration, sera puni de trois mois à trois ans de la même peine.

251 — Dans le cas prévu par l'article 251, si l'arrestation a été exécutée en s'appropriant, sans droit, un uniforme affecté aux employés de l'État, ou sous une fausse qualité, ou sur l'exhibition d'un faux ordre de l'autorité publique, le coupable sera puni des travaux forcés à temps. La peine des travaux forcés à temps sera également prononcée dans tous les cas où les personnes arrêtées illégalement auraient été menacées de mort, ou soumises à des tortures corporelles.

252 — Les coupables de substitution d'un enfant nouveau né à un autre, ou de supposition d'un enfant à une femme qui ne l'a pas mis au monde, seront punis de six mois à trois ans d'emprisonnement.

253 — La même peine sera prononcée contre ceux qui se

seront rendus coupables de suppression d'enfant nouveau né.
La peine sera double; si l'enfant n'est pas représenté ou
rendu.

254 — Quiconque aura, par fraude ou par violence, enlevé
un enfant qui n'a pas encore atteint l'âge de puberté, sera
puni d'un emprisonnement de trois mois à un an.

255 — Si la personne ainsi enlevée est une fille n'ayant
pas atteint l'âge de puberté, la peine sera celle des travaux
forcés à temps.

256 — Si un attentat à la pudeur a été commis sur la
personne de la fille enlevée, le coupable subira le maximum
de la peine portée contre ce crime.

257 — Quiconque aura, par violence, enlevé une fille
ayant atteint l'âge de puberté, sera puni de trois mois à trois
ans d'emprisonnement. Et si la personne enlevée est mariée, le
ravisseur sera condamné aux travaux forcés à temps.

258 — Tout individu qui aura aidé le ravisseur dans l'en-
lèvement, par violence, d'une fille ou femme ayant, ou non,
atteint l'âge de puberté, sera puni d'un an à six mois d'em-
prisonnement.

259 — Dans le cas où le ravisseur aurait épousé légale-
ment la fille qu'il a enlevée, la peine ne sera pas encourue et
il y aura seulement lieu à l'application de la loi civile qui ré-
git le statut personnel des parties ; il sera procédé à l'applica-
tion des dispositions prescrites à cet égard par le *Chéri*.

CHAPITRE VI

Faux témoignage; faux serment

260 — Quiconque sera coupable de faux témoignage en
matière criminelle, soit contre l'accusé, soit en sa faveur, sera
puni de la peine des travaux forcés à temps.

261 — Si néanmoins l'accusé, par suite de faux témoignage, a été condamné à une peine plus forte que celle des travaux forcés à temps, le faux témoin qui a déposé contre lui subira la même peine.

262 — Quiconque sera coupable de faux témoignage, en matière correctionnelle ou de police, soit contre le prévenu, soit en sa faveur, sera puni de un à cinq mois d'emprisonnement.

263 — Le coupable de faux témoignage en matière civile sera puni d'un emprisonnement de six mois à un an.

264 — Si celui qui a déposé un faux témoignage a reçu, à cet effet, de l'argent, une récompense quelconque ou des promesses, il sera condamné à une amende égale à la valeur du don ou de la promesse, et tant celui qui a reçu la récompense que celui qui l'a donnée ou promise, seront punis des peines portées contre la corruption.

265 — Celui qui aura empêché, par la force, la déposition de témoignages véridiques, ou qui, par contrainte, aura fait rendre un faux témoignage, sera passible des mêmes peines que les faux témoins, suivant le degré de leur culpabilité.

266 — Celui à qui le serment aura été déféré ou référé en matière civile, et qui aura fait un faux serment, sera condamné à la peine de l'emprisonnement, sans que la durée de cette dernière peine puisse être moindre de six mois ou supérieure à trois ans.

CHAPITRE VII

Calomnies, injures, révélations de secrets

267 — Sera coupable du délit de calomnie, celui qui, soit par discours proférés dans un lieu public ou dans une réunion publique, soit par des écrits imprimés ou non, qui auraient été affichés ou distribués, aura imputé à un individu quelconque des faits qui, s'ils existaient, exposeraient celui contre lequel ils sont articulés, à subir l'application des peines légales, ou même l'exposeraient seulement aux mépris des citoyens, ou qui aura publié, par malveillance, un fait faux, de même nature, contre les fonctionnaires de l'État.

La preuve d'un fait de cette nature imputé à un particulier ne sera pas permise.

268 Le coupable et les complices de la calomnie seront punis de la peine d'un an à trois ans d'emprisonnement si le fait calomnieux entraînait une peine criminelle, et, dans les autres cas, d'un mois à six mois d'emprisonnement.

269 — La présente peine n'est pas applicable à celui qui dénonce, de bonne foi et sans malveillance, un fait punissable à l'autorité chargée de l'administration de la justice.

270 — Mais il y aura, dans ce cas, lieu à condamnation quand un fait faux aura été dénoncé de mauvaise foi, et avec malveillance, même s'il n'y a pas d'autre publicité que la dénonciation elle-même.

271 — Dans les mêmes circonstances, toutes injures ou expressions blessantes qui ne renfermeraient l'imputation d'aucun fait précis, mais celle d'un vice déterminé ou qui, d'une manière quelconque, porterait atteinte à l'honneur, seront punies d'un emprisonnement de vingt-quatre heures à un mois ou d'une amende de 100 à 300 P. T.

272 — Les deux articles qui précèdent ne sont pas applicables aux imputations portées par une des parties contre l'autre dans des défenses orales ou écrites produites devant les tribunaux, lesquelles ne pourront donner lieu qu'à des actions civiles ou disciplinaires.

273 — Les injures qui ne renfermeraient pas l'imputation d'un vice déterminé ou qui ne seraient pas publiques seront punies de la peine de vingt-quatre heures à une semaine d'emprisonnement et d'une amende de 20 à 100 P. T.

274 — Les médecins, chirurgiens, pharmaciens, sages-femmes et toutes autres personnes, dépositaires par état ou profession des secrets personnels qu'on leur confie, qui, hors le cas où la loi les oblige à se porter dénonciateurs, auront révélé ces secrets, seront punis d'un emprisonnement de vingt-quatre heures à une semaine, et d'une amende de 20 à 100 P. T.

CHAPITRE VIII.

Vols

275 — Celui qui soustrait frauduleusement une chose mobilière qui appartient à autrui se rend coupable de vol.

276 — Les soustractions commises par des maris au préjudice de leurs femmes, et par des femmes au préjudice de leurs maris, qu'ils vivent ensemble ou séparés, par des enfants ou autres descendants au préjudice de leurs pères et mères, ou autres ascendants ; par des pères et des mères au préjudice de leurs enfants ou autres descendants, donneront seulement lieu aux réparations civiles. Tous autres individus qui auraient favorisé ces soustractions, qui auraient recélé ou appliqué à leur profit tout ou partie des objets volés dans les circonstances ci-dessus, seront punis comme coupables de vol.

277 — Seront punis des travaux forcés à perpétuité les individus coupables de vol commis avec la réunion des cinq circonstances suivantes : 1° si le vol a été commis la nuit ; 2° s'il a été commis par deux ou plusieurs personnes ; 3° si les coupables ou l'un d'eux étaient porteurs d'armes apparentes ou cachées ; 4° si les coupables sont entrés dans une maison, appartement, chambre ou dépendances, habités ou servant à l'habitation, à l'aide d'escalade, ou d'effraction, ou de fausses clefs, ou en se revêtant de l'uniforme ou du costume d'un officier ou d'un fonctionnaire public, ou en produisant un faux ordre de l'autorité ; 5° s'ils ont commis le crime avec violences ou menaces de faire usage de leurs armes.

278 — Sera puni de la peine des travaux forcés à temps tout individu coupable de vol commis à l'aide de violences, et de plus, avec les deux premières des cinq circonstances prévues par le précédent article ; si ces violences à l'aide desquelles le vol a été commis, même sans aucune autre circonstance, ont laissé des traces de blessures, les coupables seront condamnés à la peine des travaux forcés à perpétuité.

279 — Les vols commis sur les chemins publics pendant

la nuit par plusieurs personnes ou par une **seule** personne
porteur d'armes apparentes ou cachées, ou pendant le jour
avec la réunion de deux des circonstances énoncées à l'arti-
cle 277, emporteront la peine des travaux forcés à perpétuité.

280 — Sera puni des travaux forcés à temps tout individu
coupable de vol commis à l'aide d'effraction extérieure ou
d'escalade, ou de fausses clefs, dans des endroits qui, même
quoique ne servant pas d'habitation et ne dépendant pas de
lieux habités, sont pourtant fermés et enclos de murs, haies
vives ou sèches, ou fossés.

281 — Seront également punis des travaux forcés à temps,
les individus coupables de vol commis soit avec violence,
lorsqu'elle n'aura laissé aucune trace de blessures et qu'elle
ne sera accompagnée d'aucune autre circonstance, soit sans
violence, mais avec la réunion des circonstances suivantes :
1° si le vol a été commis la nuit ; 2° s'il a été commis par
deux ou plusieurs personnes et si les coupables ou l'un d'eux
était porteur d'armes.

282 — Sera puni d'un emprisonnement de trois ans, tout
individu coupable de vol commis dans l'un des cas ci-après :
1° si le vol a été commis la nuit et par deux ou plusieurs
personnes, et s'il a été commis avec une de ces deux circons-
tances seulement, mais en même temps dans un lieu habité ou
dans des édifices consacrés au culte; 2° si le coupable était
porteur d'armes apparentes ou cachées, bien que le vol ait été
commis le jour, et par une seule personne et que le lieu où
le vol a été commis ne fût pas habité ; 3° si le voleur, étant
un serviteur à gages, a commis le vol soit envers la per-
sonne qu'il servait, soit envers une personne qui serait venue
dans la maison de son maître, soit envers le maître de la mai-
son où il s'accompagnait son maître, ou si, étant un commis
ou un employé, ou un ouvrier ou apprenti, il a commis le vol
dans la maison, l'atelier ou le magasin de son maître, ou dans
le lieu où il travaillait habituellement; 4° si le vol a été
commis par un maître d'hôtellerie, un aubergiste, un voiturier,
un batelier ou tout autre individu de cette catégorie, ou par
un de leurs préposés, sur la totalité ou sur une partie des
choses qui leur auraient été confiées.

283 — Les voituriers, les conducteurs de bêtes de charge
ou bateliers qui auront altéré les aliments ou boissons ou au-
tres marchandises dont le transport leur avait été confié, et
qui auront commis cette altération à l'aide de substances nui-

sibles à la santé, seront également punis de trois ans d'emprisonnement. S'il n'y a pas eu mélange de substances malfaisantes, la peine sera un emprisonnement d'un mois à un an, et une amende de 100 à 500 P. T.

284 — Quiconque aura volé dans les champs des chevaux ou bêtes de charge, de trait ou de monture, des gros et menus bestiaux ou des instruments d'agriculture, ou se sera rendu coupable de vol de bois de chauffage ou de construction, de coke ou de charbon de terre dans un chantier non clos ou un endroit public, de pierres dans les carrières, de poissons dans les lacs ou réservoirs, ou de sangsues en étang, sera puni d'un emprisonnement d'un mois à un an.

285 — Quiconque aura volé des récoltes ou autres productions utiles de la terre, déjà détachées du sol, ou des grains mis en meules, sera puni d'un emprisonnement de vingt-quatre heures à trois mois. Si le vol a été commis la nuit, soit par plusieurs personnes, soit à l'aide de voitures ou de bêtes de charge, l'emprisonnement sera porté à un an.

286 — Lorsque le vol sera commis sur des céréales ou autres productions utiles de la terre qui n'étaient pas encore détachées du sol, et qu'il aura été effectué, soit avec des paniers ou sacs, ou autres objets de la même espèce, soit à l'aide de voitures ou de bêtes de charge, soit par plusieurs personnes, la peine sera un emprisonnement de huit jours à trois mois. La peine sera de vingt-quatre heures à une semaine, si aucune de ces dernières circonstances ne se rencontrent.

287 — Sera puni d'un emprisonnement de quinze jours à trois mois, celui qui, pour commettre un vol, aura déplacé des bornes servant de séparation aux propriétés.

288 — Quiconque aura contrefait ou altéré une clef ou confectionné un instrument quelconque destiné à ouvrir des serrures dans la prévision de l'usage criminel qui pourrait être fait de ces fausses clefs et instruments, sera puni d'un emprisonnement de trois mois à un an, sans préjudice des peines applicables au complice, s'il y avait fabrication dans le but de commettre un vol déterminé; si le coupable est un serrurier de profession, il subira la peine des travaux forcés à temps.

289 — Quiconque aura extorqué par force, d'entre les mains de quelqu'un, un acte d'obligation ou de décharge, ou qui aura forcé par la violence quelqu'un à signer un tel acte ou à y mettre son cachet, sera puni des travaux forcés à temps.

290 — Les larcins et filouteries ou autres vols non spécifiés dans le présent chapitre, seront punis d'un emprisonnement de trois mois à un an.

291 — A l'expiration de leur peine, les coupables des vols prévus par le présent chapitre, sauf le cas où il y a simplement lieu à des peines de simple police, pourront être mis pendant cinq ou dix ans sous la surveillance de la haute police.

292 — Les tentatives du délit de vol seront punies de la même peine que le vol lui-même.

CHAPITRE IX

Banqueroute et escroquerie

293 — Est considéré comme banqueroutier frauduleux le commerçant failli qui aura soustrait ou détruit ses livres, détourné ou dissimulé une partie de son actif au préjudice des créanciers, ou qui, dans ses écritures, son bilan, ou un acte quelconque, ou même par une reconnaissance verbale, ou pour avoir évité sciemment de produire des documents ou des explications, se sera reconnu ou se sera fait reconnaître débiteur de sommes qu'il ne devait pas réellement.

294 — Sont considérés comme complices de la banqueroute frauduleuse en dehors des cas de complicité prévus d'une façon générale par la loi :

1° Ceux qui, dans l'intérêt du failli, auront soustrait, recélé ou dissimulé tout ou partie de son actif mobilier ou immobilier;

2° Ceux qui auront, dans l'intérêt du failli, frauduleusement présenté dans une faillite ou affirmé, soit en leur nom, soit par entreposition de personnes, des créances supposées;

3° Ceux qui, faisant le commerce sous le nom d'un tiers ou sous un nom supposé, se seront rendus coupables des faits prévus par le premier alinéa du présent article.

295 — Les coupables de banqueroute frauduleuse et leurs complices seront punis des travaux forcés à temps.

296 — Le conjoint, les descendants ou ascendants du failli ou allié au même degré, qui auront, sans être de complicité avec lui, diverti, détourné ou recélé tout ou partie des effets mobiliers appartenant à la faillite seront punis des peines du vol.

297 — Sera considéré comme banqueroutier simple le commerçant qui, par son imprudence ou sa faute grave, a été cause de la perte subie par ses créanciers.

298 — Pourront être considérés comme constituant la négligence ou la faute grave :

1º Le fait de n'avoir pas tenu des livres réguliers faisant connaître au commerçant sa situation ;

2º Le fait d'avoir, connaissant sa situation, tenté d'empêcher ou de retarder la déclaration de faillite en se livrant à des emprunts, à des circulations d'effets ou autres opérations ruineuses ou aléatoires ;

3º Le fait de s'être livré à des dépenses personnelles ou de maison relativement excessives ;

4º Le fait d'avoir contracté au profit de tiers, sans compensation sérieuse, des engagements trop considérables relativement à sa situation ;

5º Le fait de ne s'être pas conformé aux articles 20 et 23 du Code de commerce ;

6º Le fait de n'avoir pas, ayant cessé ses payements, déposé son bilan et d'avoir continué ses affaires ;

7º Le fait d'avoir sciemment, après la cessation des payements, payé un créancier au préjudice de la masse.

299 — Le coupable de banqueroute simple sera puni de la peine d'un mois à deux ans d'emprisonnement.

300 — Sera puni des mêmes peines :

1º Le syndic qui se sera rendu coupable de malversation dans sa gestion ;

2º Le créancier qui aura stipulé, soit avec le failli, soit avec toutes autres personnes, des avantages particuliers à raison ou sous prétexte de son vote dans les délibérations de la faillite, ou qui aura fait un traité particulier à son avantage et au préjudice de la masse.

301 — La peine ne pourra être moindre de deux années.

dans le deuxième cas prévu par l'article précédent, si le créancier est syndic.

302 — Quiconqne, en usant de manœuvres frauduleuses, et en se livrant à des actes extérieurs de nature à faire croire à l'existence d'une fausse entreprise, ou d'un fait faux, ou à faire naître l'espérance d'un bénéfice chimérique et même de remboursement de la somme escroquée, ou à faire croire à l'existence d'une fausse obligation ou du faux acquittement d'une obligation, ou encore en faisant usage d'un faux nom ou d'une fausse qualité, se sera fait remettre ou délivrer des fonds, des meubles, des obligations de décharge ou tout effet mobilier, et aura ainsi escroqué tout ou partie du bien d'autrui, sera puni d'un emprisonnement de trois mois à trois ans, et d'une amende de 100 à 5,000 P. T.

CHAPITRE X

Abus de confiance

303 — Quiconque aura abusé des besoins, des faiblesses ou des passions d'un mineur de vingt et un ans, pour lui faire souscrire, à son préjudice, des obligations ou quittances concernant des prêts, ou des emprunts d'argent, ou de choses mobilières, ou la cession d'effets de commerce, ou de tous autres titres obligatoires, sous quelque forme que l'opération ait été présentée, sera condamné à un emprisonnement de deux mois à deux ans, à la réparation des pertes subies par la partie lésée, et à une amende qui ne pourra excéder le quart des restitutions, ni être, en aucun cas, moindre de 100 P. T. Si le coupable était chargé de la surveillance ou de la tutelle du mineur, la durée de l'emprisonnement sera de trois mois à trois ans.

304 — Quiconque, abusant d'un blanc-seing qui lui aura été confié, aura frauduleusement écrit au-dessus une obligation ou décharge, ou tout autre acte pouvant compromettre la personne ou la fortune du signataire, sera puni d'un emprisonnement de six mois à trois ans et d'une amende de 300 à 5,000 P. T. Dans le cas où le blanc-seing ne lui aurait pas été confié, mais qu'il s'en serait emparé d'une manière quelconque, le coupable sera considéré comme faussaire, et passible des peines portées contre le crime de faux.

305 — Quiconque aura détourné ou employé, au préjudicice des propriétaires, des objets, marchandises, deniers, billets ou autres écrits contenant obligation ou décharge, ou tous autres objets qui ne lui aient été confiés qu'à titre de dépôt de louage, de prêt à usage, de gage ou de mandat, ou en sa qualité d'agent salarié ou non, pour les exhiber ou pour les vendre, ou pour en faire un emploi déterminé au profit du propriétaire ou d'un tiers, sera condamné à un emprisonnement de deux mois à deux ans et à une amende égale au quart des restitutions.

306 — Si cet abus de confiance a été commis par un commis, employé, serviteur à gages, apprenti, commis ou ouvrier, au préjudice de son maître, la durée de l'emprisonnement ne pourra être moindre d'un an, sans préjudice des restitutions et indemnités.

307 — Quiconque, après avoir produit et remis au Tribunal, pendant l'instruction judiciaire d'un procès, quelque titre ou pièce, l'aura plus tard soustrait, de quelque manière que ce soit, sera puni d'une amende de 100 à 1500 P. T.

CHAPITRE XI

Entraves apportées à la liberté des enchères. Abus commis dans les transactions commerciales

308 — Ceux qui, dans les ventes, achats ou locations par adjudications aux enchères publiques de choses mobilières ou immobilières, ou adjudication d'une entreprise, d'une fourniture, d'une exploitation ou d'un service quelconque, auront entravé, par menaces, violences ou voies de fait, la liberté des enchères, soit avant, soit pendant les enchères ou soumissions, seront punis d'un emprisonnement de quinze jours à trois mois et d'une amende de 100 à 10,000 P. T.

309 — Tous ceux qui, par des nouvelles ou avis faux ou calomnieux, auront semé à dessein dans le public, par des suroffres faites aux prix que demandaient les vendeurs eux-mêmes, par coalition entre les principaux détenteurs d'une même marchandise ou denrée, tendant à ne pas la vendre, ou à empêcher sa vente au-dessous d'un certain prix, ou par d'autres voies e moyens frauduleux quelconques auront opéré la hausse ou la baisse du prix des denrées ou marchandises, ou des papiers et effets publics, au-dessus ou au-dessous des prix qu'aurait déterminés la concurrence naturelle et libre du commerce, seront punis d'un mois à un an d'emprisonnement et d'une amende de 500 à 10,000 P. T.

310 — Les peines ci-dessus énoncées seront élevées au double, si ces manœuvres ont été pratiquées sur la viande, le pain, le bois de chauffage, le charbon ou autres objets de première nécessité.

311 — Quiconque aura trompé l'acheteur sur le titre des matières d'or ou d'argent, ou sur la qualité d'une pierre fausse vendue pour fine, sur la nature de toute autre marchandise ; quiconque par usage de faux poids ou de fausses mesures, aura trompé l'acheteur sur la quantité des choses vendues, sera condamné à un emprisonnement d'un mois à un an, et à une amende qui ne pourra excéder le quart de la restitution, ni être en aucun cas au-dessous de 30. P T. Les faux poids et fausses mesures seront de plus brisés et détruits.

312 — Sera coupable du délit de contrefaçon , celui qui aura imprimé ou fait imprimer des livres au mépris des lois et règlements relatifs à la propriété des auteurs, ou qui aura confectionné ou fait confectionner un objet quelconque pour lequel un privilége exclusif a été accordé, soit à un particulier soit à une association.

313 — Les ouvrages ou objets contrefaits seront confisqués en faveur du possesseur du privilége, et le contrefacteur sera puni d'une amende de 500 à 10,000 P. T.; l'introduction sur le territoire égyptien des produits de ce genre, contrefaits à l'étranger, sera également puni d'une amende de 500 à 10,000 P. T., et la peine contre celui qui a vendu ou mis en vente des livres, objets, les connaissant pour tels, sera une amende de 100 à 2,500 P. T.

314 — La peine de 500 à 10,000 P. T. d'amende sera aussi appliquée à ceux qui auront contrefait des objets d'art ou des productions musicales, appartenant aux auteurs ou leurs cessionnaires, ou des marques de fabrique appartenant exclusivement au manufacturier, conformément aux règlements.

315 — La peine de 100 à 2,500 P. T. d'amende sera subie par ceux qui auront vendu ou mis en vente des œuvres contrefaites ou des marchandises sur lesquelles seront ces fausses marques de fabrique ou exécuté ou fait exécuter publiquement des œuvres musicales ou théâtrales au préjudice de l'auteur.

CHAPITRE XII

Jeux de hasard, loteries

316 — Ceux qui auront tenu une maison de jeux de hasard et y auront admis le public, ainsi que les banquiers de cette maison, seront punis d'un emprisonnement d'un mois à six mois et d'une amende de 100 à 5,000 P. T.. Seront confisqués en même temps, au profit de l'État, tous les fonds ou effets mobiliers qui seront trouvés dans les lieux où se trouvent les jeux.

317 — Ceux qui auront établi des loteries sans autorisation seront également punis d'un emprisonnement d'un mois à six mois, et d'une amende de 100 à 5,000 P. T.. Seront en même temps confisqués, au profit de l'État, tous les fonds et effets mis en loterie.

CHAPITRE XIII

Destruction, dégradation, dommages

318 — Toute rupture, toute destruction d'instruments d'agriculture , de parcs de bestiaux, de cabanes de gardiens, sera punie d'un emprisonnement d'une semaine à six mois, sans préjudice des restitutions et indemnités.

319 — Quiconque, sans nécessité, aura volontairement tué des chevaux ou autres bêtes de monture, de voiture ou de charge, ou des bestiaux de toute espèce, ou des animaux de basse-cour ou domestiques appartenant à autrui, sera puni ainsi qu'il suit : Si le délit a été commis dans les bâtiments, enclos, bergeries ou dépendances, ou sur les terres appartenant au maître de l'animal tué, au fermier, au locataire ou au métayer, la peine sera un emprisonnement d'un mois à six mois ; s'il a été commis dans les lieux dont le coupable était propriétaire, fermier, locataire ou métayer, l'emprisonnement sera d'une semaine à un mois ; s'il été commis dans tout autre lieu, l'emprisonnement sera de quinze jours à un mois et demi.

320 — Quiconque aura empoisonné l'un des animaux mentionnés ci-dessus, ou des poissons dans un étang sera puni d'un emprisonnement de trois mois à deux ans.

321 — Dans tous les cas prévus par les dispositions des articles 321, 322 et 323, le coupable sera puni d'une amende de 20 à 200 P. T.

322 — Quiconque aura, en tout ou partie, comblé des fossés formant les limites de la propriété d'un tiers, on aura détruit des clôtures formées de haies vives ou sèches, ou d'autres matériaux, sera condamné à un emprisonnement d'une semaine à trois mois et à une amende égale au quart des restitutions.

323 — Seront punis d'une amende égale au quart des restitutions les propriétaires ou fermiers des moulins ou usines à eau, des bassins ou étangs, qui, en donnant au déversoir de leurs eaux une autre forme que celle déterminée par les règlements, auront inondé les chaussées ou champs appartenant à autrui.

324 — Celui qui, par rupture des digues ou de toute autre manière aura causé méchamment une inondation sera condamné à la peine des travaux forcés à perpétuité.

325 — L'incendie qui aura été causé par le défaut soit de nettoyage, soit de réparation des fours, cheminées ou autres lieux où l'on fait usage du feu, ou par des feux allumés dans des maisons, édifices, forêts, vignes, champs et jardins, à pro-

ximité des tas de pailles, foins ou tout autre dépôt de matières
combustibles, ou par des pièces d'artifice tirées dans un quar-
tier ou par d'autres faits de négligence, sera puni d'un em-
prisonnement de trois jours à une semaine et d'une amende
de 100 à 2,500 P. T.

326 — Quiconque aura volontairement détruit ou renver-
sé ou endommagé par quelque moyen qne ce soit, des hôtel-
leries, des maisons, des édifices de toute espèce, des routes
en général, des ponts, digues, conduites d'eau et d'autres cons-
tructions appartenant à autrui, sera condamné à un empri-
sonnement de trois mois à deux ans et à une amende égale
au quart des restitutions ; s'il y a eu mort d'hommes ou bles-
sures, le coupable sera puni en outre des peines portées contre
ces crimes et délits.

327 — Quiconque, par des voies de fait se sera opposé
sans motif à la confection des travaux publics ordonnés ou
autorisés par le gouvernement, sera puni d'un emprisonne-
ment d'un mois à un an, et d'une amende égale au quart des
restitutions auxquelles son action donnera lieu.

328 — Quiconque aura volontairement brûlé ou détruit
d'une manière quelconque des registres, documents originaux,
matricules ou autres actes de l'autorité publique ou des lettres
de change, effets de commerce ou de banque ou de toute au-
tre pièce dont la perte serait de nature à causer un préjudice
quelconque à autrui, sera puni d'un emprisonnement d'un
an à trois ans, et d'une amende de 100 à 1,500 P. T.

329 — Tout pillage, tout dégât de marchandises, effets
ou récoltes, commis en réunion ou bande et à force ouverte,
sera puni des travaux forcés à temps ; les coupables seront en
même temps condamnés aux restitutions et indemnités, et
chacun d'eux sera puni d'une amende de 100 à 5,000 P. T.
Néanmoins ceux qui prouveront avoir été entraînés, par des
provocations ou sollicitations à prendre part à ces violences,
ne seront punis que d'un emprisonnement d'un an à trois
ans.

330 — Quiconque aura abattu ou dévasté des récoltes sur
pied ou des arbres venus naturellement ou plantés de main
d'homme, ou toute autre plantation, ou aura détruit des greffes
ou ravagé la vigne ou le jardin d'autrui, sera puni d'un em-
prisonnement d'une semaine à quinze jours.

Titre IV

CONTRAVENTIONS

331 — Seront punis d'une amende de 5 à 25 P. T. :

Les maîtres d'hôtelleries et les aubergistes, qui, obligés a l'éclairage en vertu des ordres donnés par la police, l'auront négligé ;

Ceux qui auront embarrassé la voie publique, en y déposant ou y laissant sans nécessité des choses quelconques qui nuisent à la sûreté ou à la liberté du passage;

Ceux qui, autorisés à déposer dans les rues ou places publiques des matériaux ou choses quelconques, ou à faire des excavations dans les lieux fréquentés, pour la réparation des égouts ou conduites d'eau ou autres travaux, auront négligé de les éclairer pour que les passants y prennent garde, et pour prévenir tout accident :

Ceux qui auront contrevenu au règlement de police, ordonnant de réparer ou démolir les édifices menaçant ruine;

Ceux qui auront déposé sur la voie publique des balayures ou autres choses encombrantes, ou de nature à produire des exhalaisons insalubres ;

Ceux qui imprudemment auront jeté dans la rue des choses de nature à blesser les passants par leur chute;

Et, en général, ceux qui ne se seront pas conformés à un règlement de l'autorité municipale.

332 — Seront punis d'une amende de 5 à 25 P. T. et d'un emprisonnement de vingt-quatre heures à trois jours :

Ceux qui auront négligé de nettoyer ou d'entretenir les cheminées de leurs ateliers, fours et usines où l'on fait usage du feu;

Ceux qui, sans autorisation, auront tiré des pièces d'artifice dans des quartiers ou autres lieux où elles pourraient occasionner des dégâts;

Et ceux qui auront tiré des coups de fusil ou de pistolet dans l'intérieur d'une ville, d'un bourg ou d'un village.

333 — Seront punis d'amende depuis 30 jusqu'à cent piastres :

Les maîtres d'hôtelleries, aubergistes ou logeurs, qui auront négligé d'inscrire, sur un registre tenu régulièrement, toute personnes qu'ils auraient logée dans leurs maisons, ou qui auraient manqué à présenter, en temps opportun, ledit registre aux autorités compétentes ;

Ceux qui auront fait courir des chevaux dans les lieux fréquentés ;

Ceux qui auront laissé circuler les fous ou des animaux malfaisants ou féroces, qui étaient sous leur garde ;

Ceux qui auront refusé de recevoir les monnaies de l'Etat pour la valeur qui leur est assignée ;

Et, enfin, ceux qui, sans excuse plausible, auront refusé ou négligé de prêter le service ou les secours dont ils avaient été requis ou qu'ils pouvaient rendre, dans les circonstances d'accidents, de chavirement de bateau, de naufrage, d'inondation, d'incendie ou autres calamités, ainsi que dans le cas de brigandage, de pillage, de perpétration flagrante de crime ou lors d'une clameur publique ;

Ceux qui auront exposé en vente des fruits ou autres comestibles nuisibles à la santé ou qui seraient gâtés ou corrompus.

Les objets mis en vente seront détruits ou jetés à la mer ou à la rivière.

334 — Seront punis d'une amende de 30 à 100 P. T. et d'un emprisonnement de vingt-quatre heures à cinq jours :

Ceux qui auront volontairement jeté des pierres ou d'autres corps durs, ou des immondices sur quelqu'un sans l'avoir atteint, ou sur les maisons, édifices et clôtures, ou dans les jardins d'autrui, et ceux qui seront entrés dans un champ préparé, ensemencé ou couvert de la récolte ou qui y auront passé sans en avoir le droit.

335 — Seront punis d'une amende de 50 à 75 P. T. :

Ceux qui auront volontairement causé du dommage aux propriétés mobilières d'autrui ;

Ceux qui auront par imprudence occasionné la mort ou la blessure des animaux ou bestiaux appartenant à autrui, soit en laissant divaguer des fous ou des animaux malfaisants ou féroces, soit en forçant ces animaux et bestiaux à une course rapide, ou en les accablant d'une charge excessive, soit par

jets de pierres ou autres corps durs, ou par l'excavation faite
dans un lieu quelconque.

336 — Seront punis d'une amende de 50 à 100 P. T. et
d'un emprisonnement de trois jours à une semaine, les auteurs
de bruits ou tapages troublant, sans aucun motif, la tranquil-
lité des habitants, ou qui auront volontairement enlevé ou
déchiré à dessein les affiches apposées par ordre de l'autorité
publique.

337 — Seront également punis d'une amende de 50 à
100 P. T., ceux qui laisseront paître des bestiaux sur des
terrains enclos ou cultivés, ou contenant des récoltes ou pro-
ductions, ou dans des vignes ou jardins appartenant à autrui.

338 — La peine sera de trois à huit jours de prison pour
avoir mené paître lesdits bestiaux dans les lieux précités.

339 — Seront punis d'une amende de 50 à 100 P. T.,
ceux qui auront des faux poids ou balances, de fausses me-
sures dans leurs boutiques, magasins ou dans les halles,
marchés ou foires, ou qui emploieront des poids ou des
mesures différents de ceux qui sont établis par les lois en
vigueur. Seront en même temps saisis ou confisqués lesdits
poids et lesdites mesures.

340 — Seront punis d'un emprisonnement de trois jours
à une semaine et à une amende de 50 à 100 P. T. :

Ceux qui auront dégradé les chemins publics, les places,
les promenades ou autres lieux destinés à l'utilité publique ou
qui les auront usurpés ;

Ceux qui se seront rendus coupables de rixe ou d'injures
non publiques et ne renfermant pas l'imputation d'un fait
déterminé.

Dispositions générales

341 — Lorsque les circonstances du fait poursuivi paraîtront de nature à mériter l'indulgence du juge, la peine sera modifiée ainsi qu'il suit :

Si le fait entraîne la peine de mort, la peine prononcée sera celle des travaux forcés à perpétuité et pourra être celle des travaux forcés à temps ;

Si le fait entraîne la peine des travaux forcés à perpétuité, la peine sera celle des travaux forcés à temps et pourra être celle de la détention à temps ;

Si le fait entraîne la peine des travaux forcés à temps ou de la détention à perpétuité, la peine sera celle de la détention à temps et pourra être celle de l'emprisonnement correctionnel qui ne pourra être moindre de deux ans ;

Si le fait entraîne la peine de l'exil à perpétuité, la peine sera celle de l'exil à temps ou de l'emprisonnement correctionnel qui ne pourra être moindre de un an ;

Si le fait emporte la peine de l'exil à temps ou de la détention à temps, ou de la privation à perpétuité de tous grades et fonctions ou de l'interdiction des droits civils, la peine sera celle de l'emprisonnement correctionnel qui ne pourra être moindre de six mois.

S'il s'agit d'un délit correctionnel le jugement ne prononcera pas de peine au-dessus du minimum déterminé par la loi, et pourra même condamner au-dessous de ce minimum à l'emprisonnement ou seulement à l'amende sans toutefois que la peine soit inférieure aux peines prononcées pour contravention.

En matière de contravention, la peine ne pourra être supérieure au minimum prononcé pour le fait poursuivi, et pourra descendre jusqu'à 5 P. T. d'amende.

FAC-SIMILÉS

DE

MANUSCRITS GRECS

DES XVe ET XVIe SIÈCLES

ANGERS — IMP. A. BURDIN ET Cᶦᵉ, 4, RUE GARNIER

FAC-SIMILÉS

DE

MANUSCRITS GRECS

DES XVe ET XVI SIÈCLES

REPRODUITS EN PHOTOLITHOGRAPHIE

D'APRÈS LES ORIGINAUX

DE LA

BIBLIOTHÈQUE NATIONALE

ET PUBLIÉS PAR

HENRI OMONT

PARIS

ALPHONSE PICARD, LIBRAIRE-ÉDITEUR

82, RUE BONAPARTE, 82

1887

INTRODUCTION

Au xve siècle, avant la découverte de l'imprimerie, et longtemps encore après[1], pendant tout le cours du siècle suivant, de nombreux copistes de manuscrits, la plupart grecs d'origine, chassés de leur patrie par l'invasion des Ottomans, s'étaient réfugiés en Italie, apportant les textes des auteurs de l'antiquité grecque sacrée et profane, encore peu connus en Occident[2].

Aussitôt ils en multiplièrent les exemplaires, qui allèrent enrichir les bibliothèques des papes, des cardinaux, des princes italiens, et plus tard, au xvie siècle, celles des rois de France[3] et d'Espagne[4].

Mais l'industrie des copistes devait être éphémère : ceux-ci disparaissent bientôt, ou deviennent correcteurs dans les imprimeries des Alde et des Estienne[5], qui répandent par tout le monde les exemplaires des auteurs anciens et donnent une féconde et décisive impulsion au grand mouvement de la Renaissance.

La plupart de ces copistes du xve et du xvie siècles venaient de l'île de Crète : Ange Vergèce, Antoine Damilas, Antoine Episcopopoulos, Constantin Palæocappa, Emmanuel Atramyttenos, Georges Grégoropoulos et son fils Manuel, Jean Murmuris, Jean Nathanael, Jean Plousiadenos, Jean Rhosos, Michel Damascenos, Nicolas de la Torre, Pierre de Rhitymna, Pierre Vergèce, Zacharie Calliergi, Zacharie Scordylis.

D'autres avaient pour patrie le Péloponnèse : André Darmarios, César Stratégos, Démétrius Trivolis, Georges Hermonyme, Michel Contéléon, Michel Souliardos, Paul Colybas, Pierre Hypsilas.

Quelques-uns, enfin, étaient originaires de Constantinople : Jean Argyropoulos, Michel Apostolios et ses deux fils, Aristobule Apostolidis et Arsène de Monembasie, Michel Sophianos,

---

1. Le premier livre grec imprimé avec date a été publié à Milan, en 1476 : c'est la *Grammaire grecque* de Constantin Lascaris.

2. Voyez E. Müntz, *La bibliothèque du Vatican sous les papes Nicolas V et Calixte III*, dans la *Revue critique*, 1886, t. II, p. 282-293. Cf. *La bibliothèque du Vatican au xve siècle*, Paris, 1887, in-8°.

3. Voyez L. Delisle, *le Cabinet des manuscrits*, t. I, p. 151 et ss.

4. Voyez Ch. Graux, *Essai sur la formation du fonds grec de l'Escurial* (Paris, 1880, in-8).

5. Voyez A.-A. Renouard, *Annales de l'imprimerie des Alde* (1834) ; *Annales de l'imprimerie des Estienne* (1843), in-8.

Silvestre Syropoulos ; de Rhodes : Jacques Diassorinos ; de Chypre : Jean de Sainte-Maure ; de Corfou : Nicolas Éparque, Nicolas Sophianos ; d'Athènes : Démétrius Chalcondyle, etc.

Dans le nombre, à côté de copistes de profession, on rencontre de grands personnages, des érudits, des professeurs, qui n'ont pas dédaigné ou que la misère des temps a contraints de transcrire des manuscrits : Démétrius Chalcondyle, Georges Chrysococcès, Jean Argyropoulos, Michel Apostolios, Silvestre Syropoulos, etc.

Parmi les simples copistes, quelques-uns ont trouvé une position plus stable, et sans doute aussi plus lucrative, dans les grandes bibliothèques que les souverains fondaient alors à l'envi : Ange Vergèce, Constantin Palæocappa, Jacques Diassorinos sont employés à la bibliothèque des rois de France à Fontainebleau ; Jean d'Otrante, Jean Scoutariotes, Matthieu Devaris, Nicolas Sophianos décrivent et mettent en ordre les manuscrits grecs de la Vaticane ; Nicolas de la Torre donne ses soins à la bibliothèque de l'Escurial.

Plusieurs autres étaient devenus les clients de grands personnages : André Darmarios est en relations suivies avec l'archevêque de Tarragone, Antoine Augustin ; Christophe Auer est, à Rome, le copiste attitré du cardinal Georges d'Armagnac, ambassadeur du roi de France auprès du pape ; Constantin Palæocappa fait partie de l'entourage du cardinal de Lorraine avant d'être employé à la bibliothèque de Fontainebleau ; Georges Hermonyme, à Paris, s'attache particulièrement à Guillaume Budé ; à Venise, Valeriano Albini est le principal copiste de l'ambassadeur de France, Guillaume Pelicier ; un des successeurs de Pelicier à l'ambassade de Venise, Hurault de Boistaillé, emploie aussi d'une façon suivie, pour former sa collection de manuscrits, de nombreux copistes : Nicolas de la Torre, Zacharie Scordylis, etc.

C'est en Italie que les copistes de manuscrits grecs exercent de préférence leur industrie : à Venise, Rome, Florence, Padoue, Milan, Mantoue, Naples, etc. ; hors de l'Italie, Ange Vergèce, Constantin Palæocappa, Georges Hermonyme, Jacques Diassorinos transcrivent des manuscrits à Paris ; André Darmarios, Nicolas de la Torre, en Espagne ; enfin, en Angleterre, Démétrius Cantacuzène copie un volume grec à Londres, en 1474.

Les cinquante fac-similés de manuscrits grecs publiés ici sont choisis exclusivement dans les collections de la Bibliothèque nationale et reproduisent l'écriture des principaux copistes du xvᵉ et du xvıᵉ siècle, rangés suivant l'ordre alphabétique de leurs noms.

Le nombre de ces planches aurait pu facilement être doublé si l'on avait voulu y faire figurer des modèles de l'écriture de tous les copistes dont le nom mérite d'être conservé[1]. Un second recueil pourra compléter la présente collection de fac-similés, dans laquelle on a essayé

---

1. Voyez V. Gardthausen, *Griechische Palaeographie* (1879), p. 311-341.

de réunir des spécimens de manuscrits de divers genres, d'auteurs anciens et modernes : Aetius,
Aristide Quintilien, Aristote, Constantin Harmenopoulos, Denys le Periégète, Dion Chrysostome,
Dioscoride, Élien, Étienne de Byzance, Gennade, Georges Chœroboscos, Grégoire de Chypre,
saint Grégoire de Nazianze, Hermias, Hérodote, Hippocrate, Homère, Julien, Matthieu Blastaris,
Michel Apostolios, Nicolas Chalcondyle, Onosandre, Oppien, Pausanias, Philostrate, Pindare,
Pléthon, Plutarque, Polyen, Proclus, Procope, Psellus, Ptolémée, Simplicius, Synésius,
Théodore Métochite, Théodore Prodrome, Xénophon, Zacharie de Mitylène.

Depuis la publication de la *Paléographie grecque* de Montfaucon (1708), J.-B. Gail dans le
tome XVIII du *Philologue* (1825), Silvestre dans le second volume de sa *Paléographie uni-
verselle* (1841), Sabas dans ses *Specimina palæographica* (1863), M. W. Wattenbach dans ses
Schrifttafeln (1876-1877) et dans ses *Exempla codicum græcorum litteris minusculis scrip-
torum* (1878) ; l'archimandrite Amphilochi, dans ses *Études paléographiques sur les manuscrits
grecs du IXe au XVIIe siècle* (1880), enfin MM. Bond et Thompson dans la *Palæographical Society*
(1873-1886), pour ne citer que les principaux recueils, ont publié des fac-similés de manuscrits
grecs des différents siècles pour servir à l'histoire de l'écriture et à l'étude de la paléographie.

On ne trouve dans ces collections qu'un nombre très restreint de spécimens des écritures des
copistes de l'époque de la Renaissance : le présent recueil permettra aux paléographes et aux
philologues de faire plus ample connaissance avec les écritures de ces copistes, dont beaucoup
de manuscrits gisent encore ignorés dans les bibliothèques, et de déterminer souvent l'origine,
la date précise et aussi la valeur des exemplaires qu'ils auront sous les yeux.

DATES DES MANUSCRITS

XVᵉ SIÈCLE

1420. Georges Chrysococcès, nᵒ 20.
1441. Jean Argyropoulos, nᵒ 24.
1447. Silvestre Syropoulos, nᵒ 47.
1457. Jean Rhosos, nᵒ 30.
1460. Jean Scoutariotes, nᵒ 32.
1474. Demetrius Cantacuzène, nᵒ 15.

1475. Demetrius Leontaris, nᵒ 17.
1481. Demetrius Trivolis, nᵒ 18.
— Nicolas Éparque, nᵒ 39.
1486. Michel Souliardos, nᵒ 38.
1497. Pierre Hypsilas, nᵒ 44.

XVIᵉ SIÈCLE

1533. Manuel Gregoropoulos, nᵒ 33.
1511. Paul Colybas, nᵒ 43.
1518. Michel Damascenos, nᵒ 36.
1522. Bernardo Feliciano, nᵒ 9.
1533. Nicolas Sophianos, nᵒ 40.
1549. Valeriano Albini, nᵒ 48.
1541. Basile Valéris, nᵒ 8.
— Constantin Palæocappa, nᵒ 12.
— Jacques Diassorinos, nᵒ 23.
— Jean Nathanael, nᵒˢ 26-27.

1544. Pierre Vergèce, nᵒ 46.
1545. Christophe Auer, nᵒ 11.
1560. Michel Sophianos, nᵒ 37.
1563. Jean Murmuris, nᵒ 25.
— Zacharie Scordylis, nᵒ 50.
1564. Ange Vergèce, nᵒ 2.
1569. Antoine Episcopopoulos, nᵒ 4.
1579. André Darmarios, nᵒ 1.
1593. Jean de Sainte-Maure, nᵒ 31.

FAC-SIMILÉS

DE

MANUSCRITS GRECS

DES

XVᵉ ET XVIᵉ SIÈCLES

ANDRÉ DARMARIOS, d'Épidaure-Liméria (maintenant Monembasie, en Laconie), a copié un très grand nombre de manuscrits grecs en Italie, à Trente et en Espagne, depuis 1560 jusqu'en 1587. Il eut, pendant quelque temps, tout un atelier de copistes sous ses ordres et fut le principal fournisseur de manuscrits du célèbre archevêque de Tarragone, Antoine Augustin. (Cf. Graux, *Essai sur les origines du fonds grec de l'Escurial* (1880), p. 288-297, et L. Schmidt, dans le *Centralblatt für Bibliothekswesen*, 1886, p. 129-136.)

Ms. grec 1779 (Colbert. 3820). Papier, 647 feuillets, 208 sur 150 millim. Souscription au fol. 647 : + Ὑπὸ τῆς βασιλικῆς βιβλιοθήκης μεταγραφὲν τῆς ἐν τῷ ἁγίῳ Λαυρεντίῳ τοῦ Σκωριαλίου, ἐν τῷ ἔτει ‚αφοθ΄, μαρτίῳ δ΄, ὑπὸ Ἀνδρέου Δαρμαρίου τοῦ Ἐπιδαυρίου.

NICOLAS CHALCONDYLE, *Histoire des Turcs*, livre I (éd. de 1650, fol., p. 21 ; éd. de Bonn, in-8, p. 11-12).

2

ANGE VERGÈCE, né en Crète, a copié en Italie, puis à Paris surtout, un très grand nombre de manuscrits grecs, remarquables par la beauté de leur exécution, depuis 1535 jusqu'en 1568 ; il mourut sans doute au commencement de l'année suivante. (Voy. Em. Legrand, *Bibliographie hellé-nique* (1885), t. I, p. CLXXXV-CLXXXVI. Cf. *Revue critique*, 1872, I, 159-160 et 255-256.)

Sous François Iᵉʳ et Henri II, Ange Vergèce avait été employé à la bibliothèque royale de Fontainebleau, et y avait rédigé, avec Constantin Palæocappa (voy. ce nom), le catalogue alphabétique des manuscrits grecs qui formaient la plus nombreuse et la plus riche partie de cette collection (voy. ms. grec 3065).

Ms. grec 2523. Papier, 77 feuillets, 232 sur 160 millim. Souscription au fol. 76 vᵒ : + Ἐγράπται ἐν Λουτετίᾳ τῶν Παρισίων χειρὶ Ἀγγέλου Βεργηκίου τοῦ Κρητός, ἔτει ‚αφξβ΄.

ÉLIEN. *Tactiques*, ch. XIX : ONOSANDRE, fin du *Traité de l'art militaire*.

3

ANTOINE DAMILAS, né en Crète, était sans doute le frère de Démétrius Damilas, l'éditeur du premier livre grec imprimé (Milan, 1476) ; voy. Legrand, *op. cit.*, I, 1-2. On a de lui différents manuscrits copiés en Crète et en Italie depuis 1480 jusqu'en 1491.

Ms. grec 2861 (Reg. 2816). Papier, 120 feuillets, 203 sur 145 millim. La souscription, au fol. 267 vᵒ, est accompagnée d'une formule analogue à celle qu'a employée un autre copiste, Emmanuel Atramyttenos (voy. ce nom), dans le ms. grec 1761.

OPPIEN, *Halieutiques* (éd. Schneider, 1813), livre V, vers 425-446 et 667-680.

4

ANTOINE EPISCOPOPOULOS, né en Crète, πρωτοψάλτης Κυδωνίας (La Canée), a copié à Venise plusieurs manuscrits en 1565 et 1569.

Ms. grec 1746 (Reg. 3057). Papier, 95 feuillets, 202 sur 152 millim. Souscription au fol. 95 v° : ,αφξθ', ἐν μηνὶ μαίῳ, ἐν Βενετίᾳ, παρὰ Ἀντωνίῳ τῷ Ἐπισκοποπούλῳ καὶ πρωτοψάλτῃ Κυδωνίας : †

JEAN CANABOUTZES, *Commentaire sur l'île de Samothrace et les dieux de Troie.* Voy. sur ce vol. une note du baron de Sainte-Croix dans les *Notices et extraits des mss.*, t. I, p. 538-541.)

5

ARISTOBULE APOSTOLIDIS, fils de Michel Apostolios (voy. ce nom), et frère d'Arsène de Monembasie, originaire de Constantinople, a copié quelques manuscrits grecs à la fin du xve ou au commencement du xvie siècle. (Voy. Boerner, *de doctis hominibus graecis* (1701), p. 155-157.)

Ms. grec 2781. Papier, 221 pages, 205 sur 150 millim. Page 72, souscription sans date : † Ἀριστόβουλος Ἀποστολίδης τὸ γένος Βυζάντιος ἐξέγραψεν : —
PINDARE, *Olympiques* (éd. Teubner), IX, 159-167, X (XI), 1-9 et XI (X), 11-22, XII, 1-6.

6

ARSÈNE DE MONEMBASIE, fils de Michel Apostolios (voy. ce nom), et frère d'Aristobule Apostolidis (voy. ce nom), était né en 1465, en Crète. Le pape Léon X le nomma, en 1514, au siège archiépiscopal de Monembasie; il mourut à Venise le 30 avril 1535. (Voyez Legrand, *op. cit.*, I, CLXV-CLXXIV.)

Ms. grec 3058 (Reg. 2809). Papier, 374 feuillets, 315 sur 210 millim. Voy. sur ce ms. E.-L. a Leutsch, *Paroemiographi graeci* (t. II, 1851, p. XIII-XV), et *de Violarii ab Arsenio compositi codice archetypi* particula I-IV. (Gottingae, 1856-1862, in-4°.)
MICHEL APOSTOLIOS, *Violier*, recueil d'extraits et de proverbes, complété par Arsène de Monembasie. (Cf. les éditions de Walz (1832) et de Leutsch 1851.)

7

BARTOLOMEO COMPARINI, de Prato, a copié à Florence et à Padoue différents manuscrits grecs, vers 1497. C'était peut-être le frère de Paolo Comparini, de Prato, chanoine de Saint-Laurent de Florence, à la même époque. (Voyez Cianfogni, *Memorie istoriche dell' Ambrosiana r. basilica di S. Lorenzo.* Firenze, 1804, in-4, p. 280.)

Ms. Suppl. grec 1015. Papier, 280 feuillets, 256 sur 168 millim. On a biffé la souscription au fol. 280 v° : Ἔγραψα παρ' ἐμοῦ Βαρθολομαίου Κομπαρίνου, ἐκ τοῦ Πράτου, ἐν τῷ Παταβίῳ.
PSELLUS, *Paraphrase de l'Iliade d'Homère*, début du livre XV.

8

BASILE VALÉRIS ou VARÉLIS, né à Corfou, fut élu, en 1554, curé de Saint-Georges-des-Grecs à Venise. (Voy. Legrand, *op. cit.*, I, 173.) On a des manuscrits copiés par lui en 1541 et 1544.

Ms. grec 2714 (Reg. 2792). Papier, 150 feuillets, 315 sur 235 millim. Souscription, fol. 128 v° : Ἐτελειώθη τὸ παρὸν βιβλίον διὰ χειρὸς ἐμοῦ Βασιλείου Βαρέλη, ἐν ἔτει τῷ ἀπὸ Θεογονίας χιλιοστῷ πεντακοσιοστῷ τεσσαρακοστῷ α', μηνὶ μαρτίου ἐσχάτῃ φθίνοντος, ἐν τῇ ἐκλαμπροτάτῃ πόλει τῶν Οὐενετῶν : ✗
S. GRÉGOIRE DE NAZIANZE, Passion du Christ, vers 132-146 (Migne, *Patrol.*, *gr.*, t. XXXVIII, col. 148-149.)

9

BERNARDO FELICIANO (*Giovanni Bernardo Regazola*) était né à Venise d'une famille originaire de Crémone. Il professa à Venise et à Pavie, où il mourut en 1543. (Voy. Fr. Arisius, *Cremona literata* (1706), t. II, p. 164; et Tiraboschi, *Storia della letteratura italiana* (1833), t. IV, p. 292.)

Ms. grec 2198 (Reg. 2140). Papier, 333 feuillets, 345 sur 232 millim. Souscription au fol. 530 : Ταύτην τὴν βίβλον ἔγραψεν ὁ Βερνάρδος Φελικιανός, ὁ Κρεμοναῖος, διὰ τῆς φιλίας τοῦ Ἀμβροσίου Λέοντος τοῦ Νωλανέως, Ἐνετίῃσι ,αφκθ'...
AETIUS d'Amida, *Traité de Médecine*, début du livre XIV.

10

CÉSAR STRATÉGOS, de Sparte, a copié, surtout à Florence, à la fin du xve siècle, un certain nombre de manuscrits grecs. (Voy. [Berardelli], *Nuova raccolta d'opuscoli scientifici*, t. XX, p. 182.)

Ms. grec 2959 (Reg. 2193). Papier, 284 feuillets, 310 sur 220 millim. Souscription au fol. 284 v° : Θεοῦ τὸ δῶρον ἠδὲ Καίσαρος πόνος τοῦ Στρατηγοῦ.
DION CHRYSOSTOME, *Discours XII* (éd. Teubner, t. I, p. 213-214.)

11

CHRISTOPHE AUER, Allemand, a copié à Rome, pour le cardinal Georges d'Armagnac, évêque de Rodez (1529-1560), ambassadeur de France près le pape Paul III, toute une série de manuscrits grecs, depuis 1541 jusqu'en 1548.

Ms. grec 1936 (Reg. 2119). Papier, 588 pages, 324 sur 216 millim. Souscription à la page 587 : Τοῦτο τὸ παρὸν σύνταγμα, ...Γεωργίου τοῦ Ἀρμενιάκου τῆς ἁγίας ῥωμαϊκῆς καθέδρας... καρδινάλεως ἀναλώμασι, χειρὶ δὲ καὶ φιλοπονίᾳ Χριστοφόρου τοῦ Ἀδέρου, Γερμανοῦ, τῇ ἐσχάτῃ τοῦ ἑκατομβαιῶνος, ἤγουν τοῦ ῥωμαίοις καλουμένου ἰουνίου μηνός, ἔτει χιλιοστῷ πεντακοσιοστῷ τεσσαρακοστῷ πέμπτῳ, σὺν Θεῷ, ἐν Ῥώμῃ, ἐκ παλαιοῦ ἀνανεωμένον ἐπεράνθη.
THÉODORE MÉTOCHITE, *Commentaire sur Aristote, de la génération des animaux*, fin du livre II et début du livre III.

12-14

CONSTANTIN PALÉOCAPPA, né à La Canée, dans l'île de Crète, vint en France vers le milieu du xvie siècle et fit partie de la maison du cardinal Charles de Lorraine, archevêque de Reims (1538-1574). Employé à la bibliothèque royale de Fontainebleau, sous les ordres d'Ange Vergèce (voy. ce nom), il rédigea et copia plusieurs exemplaires du catalogue de cette bibliothèque. (Cf. le *Catalogue des mss. grecs copiés à Paris, au XVIᵉ siècle, par Constantin Palæocappa*, dans l'*Annuaire de l'Association des études grecques*, 1886, p. 241-279 et la *Bibliothèque de l'École des Chartes*, 1886, p. 201-207.)

La planche XII reproduit un feuillet du ms. grec 458 (Reg. 2273). Papier, 295 feuillets, 305 sur 202 millim. Souscription au fol. 295 vᵒ, col. 2 : Παχώμιος μοναχὸς ἐν τῇ τῆς σεῦκτυίας Λαύρας μονῇ, ͵αφμα΄.

Zacharie de Mitylène, *De mundi opificio* (éd. Migne, *Patr. gr.*, t. LXXXV, col. 1085).

La planche XIII-XIV donne le fac-similé d'un feuillet du *Catalogue alphabétique des manuscrits grecs de la bibliothèque royale de Fontainebleau*, sous Henri II, rédigé par Ange Vergèce et Constantin Palæocappa. Ce catalogue se compose de fiches, sur lesquelles sont transcrites les notices des manuscrits, rangées alphabétiquement et collées sur un registre. Les petits traits obliques ajoutés en marge de chaque notice doivent se rapporter à un récolement, fait à son entrée en charge, comme maître de la librairie, par Pierre de Montdoré (1552). La première et la cinquième notices sont de Vergèce, les autres de Palæocappa : ces notices se rapportent respectivement aux mss. grecs 1653, 3059, 2186, 2288, 1959 et 1447 de la Bibliothèque nationale.

15

Demetrius Cantacuzène, de Constantinople, est peut-être un des derniers rejetons de la famille impériale des Cantacuzène. (Voy. Du Cange, *Familiæ Byzantinæ*, p. 263.) En 1474, il copiait à Londres un manuscrit grec, qui est très probablement le plus ancien monument de ce genre exécuté, à l'époque de la Renaissance, en Angleterre.

Ms. grec 1731 (Reg. 3041). Papier, 198 feuillets, 195 sur 140 millim. Souscription au fol. 198 (reproduite ici) de l'année 1474. Hérodote, *Extraits*. Cf. *Histoires*, II, 112, ss.

16

Demetrius Chalcondyle, né à Athènes, en 1424, se rendit à Rome dès 1447. Il enseigne le grec, en 1450, à Pérouse ; en 1463, à Padoue ; puis à Florence, où il succède à Jean Argyropoulos (voy. ce nom), en 1471. Il mourut à Milan en 1511. (Voy. Legrand, *op. cit.*, I, XCIV-CI.) C'est, avec Janus Lascaris, le plus célèbre des Grecs réfugiés en Italie au XVᵉ siècle.

Ms. grec 2783 (Reg. 3326). Papier, 54 feuillets, 222 sur 162 millim. Au bas du fol. 53 vᵒ, Matthieu Devaris a ajouté cette mention : — : Ἔγραψε χειρὶ Δημητρίου τοῦ Χαλκονδύλου : —
Pindare. *Pythiques* (éd. Teubner), IV, vers 130 (231)-148 (262).

17

Demetrius Leontaris, de Constantinople, fut attaché, vers 1475, à la cour des rois de Naples : il a copié plusieurs manuscrits grecs pour le secrétaire et premier ministre du roi Ferdinand Iᵉʳ, Antonello Petrucci. (Voy. L. Delisle, *Cabinet des mss.*, I, 229.)

Ms. grec 2850 (Reg. 3295). Papier, 72 feuillets, 214 sur 148 millim. Souscription au fol. 72 vᵒ : + Ἔγραψε τὸ παρὸν βιβλίον τῆς Σιβύλλης ;

ἐξ ἐπιτροπῆς τοῦ ἐξοχωτάτου κυρίου μισὲρ Ἀντωνέλου δὲ Πετρούτσοις καὶ μεγάλου σεκρεταρίου, διὰ συνδρομῆς καὶ ἐξόδου ...μισὲρ Ἀντωνίου Γουλιάνου, καὶ πρώτου τοῦ ἱεροῦ κουνσιλίου, διὰ χειρὸς ἐμοῦ Δημητρίου τοῦ Λεοντάρη, ...ἐν μηνὶ σεπτεβρίῳ κδ΄, ἰνδ. η΄, τοῦ, ͵ϛϡ πδ΄ ἔτους : + Δημήτριος Λεοντάρης (*monocondyle*).

Oracles Sibyllins (éd. Alexandre), livre IV, vers 152-191 et livre V, vers 1-6.

18

Demetrius Trivolis, d'une famille originaire de Sparte et réfugié à Corfou, a copié des manuscrits grecs dans la seconde moitié du XVᵉ siècle. (Voy. *Histoire de Tagiapiera, par Jacques Trivolis*, p. p. É. Legrand, 1875. — Collection de monuments pour servir à l'étude de la langue néo-hellénique, nᵒ 3.)

Ms. grec 2182 (Reg. 2131). Papier, 112 feuillets, 325 sur 225 millim. Fol. 87, souscription (reproduite ici) de l'an 1484. Dioscoride, *Matière médicale*, fin du livre V et dernier.

19

Emmanuel Atramyttenos, de Crète, fut l'un des familiers de Pic de la Mirandole ; on a deux lettres de Michel Apostolios qui lui sont adressées. (Voy. Legrand, *op. cit.*, I, LXVIII, et II, 258.) Emmanuel Atramyttenos mourut vers 1485.

Ms. grec 1761 (Colbert 4901). Papier, 176 feuillets, 210 sur 150 millim. Souscription au fol. 176 : + Ἐμμανουὴλ ὁ Ἀτραμυττηνὸς τὸ τῶν εἰκόνων τόδε βιβλίον ἐξέγραψα, λατρευτὴς ὢν Πατρὸς, Υἱοῦ καὶ ἁγίου Πνεύματος, τῆς ὁμοουσίου καὶ ἀδιαιρέτου Τριάδος : — Ἀμήν.
Philostrate, *Images*, XXI-XXII (éd. Teubner, t. II, p. 375).

20

Georges Chrysococcès, diacre, de Constantinople, fut précepteur de Bessarion et de Philelphe, pour lequel il exécuta plusieurs copies de manuscrits vers 1420-1427. (Voy. Legrand, *op. cit.*, I, XLVII.)

Ms. grec 3047 (Reg. 3357). Papier, 200 feuillets, 220 sur 145 millim. Fol. 136 vᵒ, souscription reproduite ici de l'an 1420. Hippocrate, *Lettre* (XVII) *à Damagète* et Démocrite, *Lettre* (XVIII) *à Hippocrate* (*Epistolographes*, éd. Didot, p. 305-306) et *Centons d'Homère* (éd. Teucher), vers 2323-2343.

21

Georges Grecoropoulos, prêtre d'une église de Candie, vivait à la fin du XVᵉ siècle. L'un de ses fils, Manuel (voy. ce nom), banni de Crète et réfugié dans l'île de Carpathos, a été aussi copiste de manuscrits grecs. (Voy. Legrand, *op. cit.*, II, 261.)

Ms. grec 1863 (Reg. 2786). Papier, 318 feuillets, 302 sur 210 millim. Souscription au fol. 318 : + Ἐτελειώθη τὸ παρὸν βιβλίον διὰ χειρὸς ἐμοῦ εὐτελοῦς ἱερέως Γεωργίου Γρηγοροπούλου, Θεοῦ διδόντος.
Homère, *Iliade*, livre XXIII, vers 887-897 et livre XXIV, vers 1-12.

22

Georges Hermonyme, de Sparte, était à Rome, dès 1476, à la cour de Sixte IV, qui le chargeait d'une mission diplomatique en Angleterre. En 1478, on le trouve à Paris, où il a comme élèves Reuchlin et Guillaume Budé, le restaurateur des études grecques en France. En même temps il copie de nombreux manuscrits (la typographie grecque ne devait être établie à Paris qu'en 1507) pour les grands seigneurs et les érudits parisiens. (Voy. ma notice sur Georges Hermonyme dans les *Mémoires de la Société de l'Histoire de Paris*, 1885, t. XII, p. 65-98; cf. le *Bulletin* de la même Société, 1886, t. XIII, p. 110.)

Ms. grec 1647. Papier, 58 feuillets, 270 sur 188 millim. Xénophon, *Économique*, début du livre.

23

Jacques Diassorinos, de Rhodes, était réfugié à Chio en 1541; en 1543, on le trouve à Venise. De 1545 à 1555, il a dû être employé à Fontainebleau, sous les ordres d'Ange Vergèce et de Constantin Palœocappa (voyez plus haut). En 1555 il est à Bruxelles, puis il retourne en Orient, et, en 1562, ouvre une école à Nicosie, dans l'île de Chypre; il est mis à mort peu de temps après, à la suite de la découverte d'une conspiration tramée par lui contre les Vénitiens. (Voy. Legrand, *op. cit.*, I, 297-302.)

A côté d'un certain nombre de manuscrits grecs, copiés par Jacques Diassorinos, on trouve plusieurs volumes qui n'ont pas été transcrits par lui, mais en tête desquels il a ajouté de pompeuses dédicaces en vers pour les offrir à de grands personnages.

Ms. grec Coislin 154. Papier, 314 feuillets, 312 sur 210 millim. A la fin du ms. Coislin 153, dont l'écriture est entièrement semblable, on lit la souscription : Ἰάκωβος Ῥόδιος ὁ Διασσωρινὸς ἐν Χίῳ γέγραφεν, τοῦ ͵αφμα΄ ἔτους ἀπὸ τῆς Θεογονίας. Constantin Harménopoulos, *Prochiron* ou *Manuel de jurisprudence*, livre V, titres vi et vii. (*Supplementum novi thesauri juris civilis* de Meerman (1780), p. 286-287.)

24

Jean Argyropoulos est célèbre entre les Grecs réfugiés au xvᵉ siècle en Italie. Après avoir étudié à l'université de Padoue, il retourna, vers 1444, à Constantinople, où il eut pour élève Constantin Lascaris. Chassé de sa patrie par l'invasion des Turcs, il trouva un asile à la cour des Médicis, à Florence, où le plus illustre de ses élèves fut Ange Politien. Reuchlin suivit aussi ses leçons à Rome, où Jean Argyropoulos s'était retiré vers 1473; il y mourut vers 1485. (Voy. Boerner, *de doctis hominibus græcis* (1750), p. 137-151; Hody, *de Græcis illustribus* (1742), p. 187-210, qui reproduit un portrait de Jean Argyropoulos d'après le ms. Barocci 87 d'Oxford; et Legrand, *op. cit.*, I, lxxi.)

Ms. grec 1908 (Reg. 2110). Papier, 214 feuillets, 332 sur 236 millim. Une note ajoutée au bas du fol. 213 vᵒ porte que ce livre a été copié, en 1441, χειρὶ Ἰωάννου Ἀργυροπούλου, Γραϊκοῦ, Κωνσταντινουπολίτου, ἐν τῷ Παταυίῳ περὶ φιλοσοφίαν σπουδάζοντος, χάριν Παλλαντος Στρογίου Φλωρεντίνου... Simplicius, *Commentaire sur le livre II de la Physique générale d'Aristote*, début du livre.

25

Jean Murmuris, de Nauplie, appartenait à une famille de copistes grecs fixée à Venise au milieu du xviᵉ siècle. On a dans les différentes bibliothèques d'Europe un grand nombre de volumes grecs transcrits par André, Cornelius, Jean, Nicolas Murmuris. (Cf. Gardthausen, *Griechische Palaeographie*, p. 332.)

Ms. grec 1826 (Reg. 2091). Papier, 248 feuillets, 360 sur 245 millim. En tête de la seconde partie du ms., au fol. 191, on lit cette note : « Ex bibliotheca Joh. Huralti Boistallerii, habui a Johanne Murmurio, græco, ᴠ [ducatis] 2. 1563. » La première partie du ms., qui est l'œuvre du même copiste, est précédée de cette autre note de Hurault : « Transcriptus ex antiquo exemplari bibliothecæ D. Marci Venetiarum per Johannem Murmurium, græcum, impensa facta aureorum 7. » Hermias, *Commentaire sur le Phèdre de Platon*, début du livre I.

26-27

Jean Nathanael, de Crète, était à Gortyne en 1541; trente ans après, en 1571, on le trouve curé de Saint-Georges-des-Grecs à Venise. Son portrait est gravé en tête d'une Explication des cérémonies de la Messe qu'il fit imprimer à Venise en 1574. (Voy. Legrand, *op. cit.*, II, 201-205.)

Ms. grec 831. Papier, 122 feuillets, 410 sur 270 millim. Souscription au fol. 122 : Ἡ παροῦσα πολυειδής τε καὶ χρυσοεπὴς βίβλος ἐγράφη μὲν ὑπὸ χειρὸς Ἰωάννου τε τοῦ Φιλοπόνου φέρων δέ γε καὶ ἐπίκλιον Ναθαναήλ. Ὃς μὲν στραγγευόμενος ὑπό τε τῆς δεινῆς πενίας ἐξέγραψεν διά τε δαπάνης καὶ ἀναλώματος τοῦ εὐγενεστάτου περιβοήτου τὲ καὶ καλλίστου ἄρχοντος κυρίου Ἀντωνίου τοῦ Καλλιέργου, ἐς Γορτύνην, ἐλαφηβολιῶνος ἐπὶ δέκα ἱσταμένου τοῦ ͵αρμα΄ ἔτους ἀπὸ τῆς Θεογονίας. Synésius, *de la Providence*, fin du livre Iᵉʳ et début du livre II (éd. de 1631, fol., p. 114-117).

28

Jean d'Otrante (*Giovanni Onorio, Johannes Honorius Græcus* ou *Hydruntinus*) fut employé à la bibliothèque Vaticane depuis 1535 jusqu'en 1550. (Voy. E. Müntz, *la Bibliothèque du Vatican au xviᵉ siècle* (1886), p. 101.) Ses copies de manuscrits sont remarquables par leur élégante calligraphie.

Ms. grec 1844 (Reg. 2095). Papier, 684 pages, 332 sur 213 millim. Proclus Diadocus, *Commentaire sur le Timée de Platon*, début du livre II.

29

Jean Plousiadenos, prêtre, vice-protopapas de Crète, vivait dans la seconde moitié du xvᵉ siècle, et, après le concile de Florence (1439), devint évêque de Méthone. (Voy. Le

Quien, *Oriens christianus*, II, 231 ; cf. Fabricius-Harles.,
XI, 458.)

Ms. grec 1732 (Reg. 3291). Papier, 107 feuillets. 205 sur 138 millim. Souscription au fol. 107 : Θεοῦ τὸ δῶρον καὶ Ἰωάννου πόνος Πλουσιαδηνοῦ τὸ ἐπίκλιον τάχα καὶ ἱερέως Κρητικοῦ, ...Ἐγράφη δὲ συντόμως ἐν ἡμέραις η'.

JULIEN, fin du *Banquet* (éd. Teubner, t. I, p. 431-432) et début du traité du *Gouvernement* (ibid., p. 62).

30

JEAN RHOSOS, prêtre de Crète, est l'un des plus célèbres calligraphes de la Renaissance. Pendant plus d'un demi-siècle (1447-1497) il a transcrit des manuscrits à Rome, Venise, Florence, etc. Il mourut à Venise, membre de l'Académie d'Alde. (Cf. Gardthausen, *Griechische Palaeographie*, p. 326.)

Ms. grec 2524 (Reg. 3219). Parchemin, 73 feuillets, 195 sur 135 millim. Souscription au fol. 73 : ✳ Ἐτελειώθησαν αἱ παροιμίαι αὗται σὺν Θεῷ, ἐν ἔτει ἀπὸ Χριστοῦ ‚αυνζ', ἰνδ. ε', μηνὸς αὐγούστου δ', διὰ χειρὸς ἐμοῦ Ἰωάννου ἱερέως Ῥόσου, τοῦ ἐκ Κρήτης, ἐν Ῥώμῃ. Ἔστι δὲ κτῆμα τοῦ αἰδεσιμωτάτου πατρὸς Γάσπορος Βολατερράνου, τοῦ ἀποστολικοῦ θρόνου πρωτονοταρίου. ✳

GRÉGOIRE [GEORGES] DE CHYPRE, *Proverbes*. (Cf. l'édition des *Paroemiographi graeci* de E. L. a Leutsch, t. II, p. 25 et 79.)

31

JEAN DE SAINTE-MAURE, de Nicosie (Chypre), est le dernier des copistes grecs de l'époque de la Renaissance. A la fin du XVIe et dans les premières années du XVIIe siècle, il a copié au Vatican plusieurs manuscrits grecs pour le cardinal Duperron († 1618).

Ms. grec 1341. Papier, 271 feuillets, 333 sur 223 millim. Souscription au fol. 271 v° : Μηνὸς Ἰουνίου ιη', ‚αφλγ' ἔτους, ἐν Ῥώμῃ. 1593. juin 18. Ἰωάννης ὁ Ἁγιομαύρας, Κύπριος, ὁ εὐπατρίδος Λευκοσίας, ἐξίσωσεν : —

MATTHIEU BLASTARIS, *Répertoire alphabétique de droit canon*, début de la lettre Σ, dans le Σύνοδικόν, *sive Pandectæ canonum* (Oxford, 1672, fol., t. II, p. 228-229).

32

JEAN SCOUTARIOTES, de Thessalie, fut l'un des copistes employés à enrichir de manuscrits grecs la bibliothèque du pape Nicolas V ; il a copié un très grand nombre de volumes, à Florence, pendant plus de cinquante ans, depuis 1442 jusqu'en 1494. (Voy. Gardthausen, *Griech. Pal.*, p. 326.)

Ms. grec 1816 (Reg. 2576). Papier, 306 feuillets, 280 sur 205 millim. Souscription au fol. 306 v° : Θεοῦ τὸ δῶρον καὶ Θετταλοῦ ὁ μόχθος ; — Γραφεὺς δὲ Ἰωάννης Σκουταριώτης. Ἐτελειώθη, μηνὶ αὐγούστῳ ἐξακαιδεκάτῃ, ὥρᾳ ἐξακαιδεκάτῃ, ἐν ἔτει ἀπὸ Χριστοῦ γεννήσεως ‚αυξ'.

PLOTIN, *Ennéades*, livre IV, 1-2 (éd. Teubner, t. II, p. 3-4).

33

MANUEL GREGOROPOULOS, fils de Georges Gregoropoulos (voy. plus haut, n° 21).

Ms. grec 1884 (Reg. 2620). Papier, 331 feuillets, 310 sur 210 millim. Souscription, de l'an 1503, au fol. 331 : + Τέλος δ' ἔλαβε ἥδε βίβλος σὺν Θεῷ, παρὰ Μανουὴλ τοῦ Γρηγοροπούλου, ἐν ‚ζια', ἠλ. κυκλ. ια', σελ. ιθ', ἰνδ. ϛ'.

Commentaire anonyme sur les aphorismes d'Hippocrate, début.

34

MICHEL APOSTOLIOS, de Constantinople, avait eu pour maître Jean Argyropoulos (voy. ce nom). Après la prise de Constantinople, il passa quelque temps en Italie auprès de Bessarion, puis se retira en Crète. On ne sait les dates ni de sa naissance, ni de sa mort. C'est l'un des Grecs les plus célèbres de la Renaissance et l'on a conservé un certain nombre d'ouvrages et de lettres de lui. Il eut pour fils Aristobule Apostolidis et Arsène de Monembasie (voy. ces noms). Voy. Legrand, *op. cit.*, I, LVIII-LXX.)

Ms. grec 1403 (Reg. 2725). Papier, 225 feuillets, 285 sur 200 millim. Souscription au fol. 225 v° : Μιχαῆλος Ἀποστόλης Βυζάντιος πενίᾳ συζῶν καὶ ταύτην ἐξέγραψεν : —

PTOLÉMÉE, *Géographie*, livre I, ch. I.

35

MICHEL CONTÉLÉON, de Monembasie, ou Épidaure, se réfugia à Venise en 1540, lors de la cession de sa patrie aux Turcs par la Sérénissime République. (Voy. Legrand, *op. cit.*, I, 284.)

Ms. grec 1729 (Reg. 2568). Papier, 293 feuillets, 230 sur 175 millim. Souscription au fol 203 : Μιχαῆλος Κοντελέων καὶ ταύτην τὴν βίβλον ἐξέγραψε μισθῷ, μετὰ τὴν δόσιν τῆς ἑαυτοῦ πατρίδος, τῆς Μαλβασηνακῆς Ἐπιδαύρου.

NICOLAS CHALCONDYLE, *Histoire des Turcs*. livre V (éd. de 1650, fol., p. 117-118 ; éd. de Bonn, in-8, p. 120-121).

36

MICHEL DAMASCENOS, de Crète, a copié en Italie plusieurs manuscrits grecs dans la première moitié du XVIe siècle.

Ms. grec 2393 (Reg. 2161). Papier, 232 feuillets, 326 sur 236 millim. Souscription au fol. 232 v° : [Μ]ιχαῆλος Δαμασκηνὸς ὁ Κρὴς τῷ φιλικῷ καὶ φιλολόγῳ κυρίῳ Ἰωάννῃ Ἰακώβῳ τῷ Ἀργωνίδῃ καὶ ταύτην τὴν τοῦ Πτολεμαίου θείαν καὶ μεγάλην μαθηματικὴν σύνταξιν ἐν Μαντούᾳ, τῇ αὐτοῦ πατρίδι ἐξέγραψα, ἐν ἔτει ἀπὸ τῆς τοῦ σωτῆρος ἡμῶν Ἰησοῦ Χριστοῦ σαρκώσεως ‚αφιϛ', μηνὸς ὀκτωβρίου ζ'.

PTOLÉMÉE, *Composition mathématique (Almageste)*, éd. Halma, 1816, t. II, p. 367-368.

37

MICHEL SOPHIANOS, fils de Georges Sophianos, était né à Chio, d'une famille originaire de Constantinople. Vers 1560, on le trouve professeur à Padoue et en relations avec l'érudit Vincent Pinelli et l'helléniste espagnol Pierre Nuñez. (Voy. Legrand, *op. cit.*, II, 168-176.)

Ms. grec 1750 (Reg. 3056). Papier, 119 feuillets, 198 sur 140 millim. Souscription au fol. 86 v° : Βακχεῖος Βαρβάδωριος καὶ Μιχαῆλος Σοφιανὸς ἐξέγραψαν μετὰ παιδιᾶς καὶ γέλωτος, εὐωχούντος ἡμᾶς τοῦ εὐγενοῦς ἀνδρὸς καὶ κοινοῦ ἡμῶν φίλου Οὐικεντίου Πιναλλίου, καὶ Πέτρου Νουννίου τοῦ λογιωτάτου πολλὰ χαριεντισαμένου · παρῆν δὲ καὶ Λουκρήτιον ἡ ἑταίρα. Ἔτους ͵αξε', ὀκτωβρίου ζ', ἐν Παταβίῳ.

PLUTARQUE, *Vie de Cicéron*, chapitres XLIV-XLVI (éd. Didot, p. 1054-1055).

38

MICHEL SOULIARDOS, de Nauplie, s'était réfugié en Crète, et y copiait des manuscrits dès 1475 ; plus tard, on le retrouve à Florence, continuant son métier de copiste, en 1486 et années suivantes.

Ms. grec 1412 (Reg. 3040). Papier, 147 feuillets, 220 sur 142 millim. Souscription au fol. 147 : Γραφὲν ἐν Φλωρεντίᾳ τῇ πόλει, ἐν ἔτει, ͵ςϠϟδ', μηνὶ ἰανουαρίῳ, ἐν τῇ μεγαλοπόλει Φλωρεντίᾳ : — Μιχαῆλος Σουλιάρδος : +
ÉTIENNE DE BYZANCE, *Ethniques* (éd. Meineke, p. 600-604).

39

NICOLAS ÉPARQUE, de Corcyre (Corfou), ne doit pas être confondu avec son compatriote et homonyme du XVIe siècle, comme lui médecin, fils d'Antoine Éparque.

Ms. grec. Suppl. 262. Papier, 56 feuillets, 210 sur 140 millim. Souscription au fol. 56 : Ἐτελειώθη τὸ παρὸν βιβλίον ἐκ χειρὸς Νικολάου Ἐπάρχου [καὶ ἰατροῦ πόλεως καὶ νήσου τῶν Κορυφέων ἤτοι καὶ Φιάκων] εἰς τὰς ͵αυπα' ἀπὸ τῆς Χριστοῦ γεννήσεως, μηνὶ μαΐῳ η', ἡμέρα τετράδη, ὥρα ς' : —
THÉODORE PRODROME, *Grammaire*. (Cf. Fabricius-Harles., *Bibl. gr.*, t. VIII, p. 143.)

40

NICOLAS SOPHIANOS, de Corfou, se rendit à Rome, vers 1515, pour entrer au collège grec du Quirinal ; attaché bientôt au cardinal Nicolas Ridolfi, il fut chargé, de concert avec son compatriote, MATTHIEU DEVARIS (voy. *Matth. Devarii liber de graecae linguae particulis*, 1588, in-4°, ff. 2-4), de dresser le catalogue de la bibliothèque de son protecteur. En 1533, on le trouve fixé à Venise, où il copie des manuscrits pour les ambassadeurs de France et d'Espagne. (Voy. Legrand, *op. cit.*, I, CLXXXVII-CXCIV.)

Ms. grec 1305 (Reg. 2968). Papier, 105 feuillets, 205 sur 145 millim. Souscription au fol. 105 v° : Ἐν Ἐνετίησιν, ἔτει τῷ ἀπὸ τῆς συγκαταβάσεως τοῦ κυρίου ἡμῶν Ἰησοῦ Χριστοῦ ͵αφλγ', κατὰ τὴν λ' τοῦ αὐγούστου μηνός : + Παρὰ Νικολάου Σοφιανοῦ :
Recueil sur la procession du Saint-Esprit. (Voy. Legrand, *op. cit.*, t. I, p. CLXXXVII-CLXXXIX.)
Sur cette même planche sont reproduits deux spécimens des notices mises par Matthieu Devaris et Nicolas Sophianos en tête des manuscrits grecs du cardinal Nicolas Ridolfi. La première de ces notes, de Matthieu Devaris, se trouve en tête du ms. grec 2263, qui a appartenu à Lascaris (Λ⁷) ; la seconde, de Nicolas Sophianos, a été écrite en tête du ms. grec 1736, qui a aussi fait partie des collections de Janus Lascaris.

41

NICOLAS DE LA TORRE (*Turrisanus*), de Crète, fut attaché par Philippe II à la bibliothèque de l'Escurial, dont il rédi-

gea le catalogue. Il a copié un grand nombre de manuscrits grecs de 1562 à 1586, à Constantinople, Venise, Paris et en Espagne. (Voy. Graux, *Essai sur les origines du fonds grec de l'Escurial*, p. XVI et 151.)

Ms. grec 2426 (Reg. 2733). Papier, 118 feuillets, 230 sur 175 millim. Au fol. 39, on lit cette note : « Recognoverunt Zacharias Scordilli et Nicolaus Turrianus Cretenses. — Ex bibliotheca Jo. Huraultii Boistallerii, impensa 2 coronatorum].
GEORGES GÉMISTE (PLÉTHON), *Extraits de la géographie de Strabon*, et GEORGES CHOEROBOSCOS, *Extraits grammaticaux de Théodose et Hérodien* (éd. Imm. Bekker, *Anecdota*, t. III, p. 1209).

42

NICOLAS, vestiarite et notaire (βεστιαρίτης Μελλαχρηνὸς ὁ γραμματικὸς [ποτὲ] Μωραΐος) a copié différents manuscrits vers le milieu du XVe siècle.

Ms. grec 1699 (Reg. 2355). Papier, 339 feuillets, 285 sur 210 millim. Souscription (s. d.) au fol. 186 v° : + Ἐτελιώθη τὸ παρὸν βιβλίον παρ' ἐμοῦ Νικολάου βεστιαρίτου καὶ γραμματικοῦ ποτὲ μωρέου · ἐγεγόνει ἡ παροῦσα βίβλος εἰς ἡμέρας εἴκοσι πέντε. + Εἰ μὲν χειρὶ γράψασα σύπτεται τάφῳ, εἰ δὲ γραφὴ μένει εἰς χρόνους ἀπεράντους. (Monocondyle.)
PROCOPE, *Guerre des Goths*, fin du livre IV (éd. in-fol., t. I, p. 665-666 ; éd. de Bonn, t. II, p. 641-643).

43

PAUL COLYBAS, de Méthone (Modon), a copié quelques manuscrits à Kaffa, ou Feodossija, en Crimée, dans les premières années du XVIe siècle.

Ms. grec 1293 (Reg. 2951). Papier, 298 feuillets, 200 sur 148 millim. Souscription au fol. 293 v° (reproduite ici), de l'an 1511.
MANUEL HOLOBOLOS, *Discours en faveur de Marc d'Éphèse contre Pléthon et Bessarion.* (Cf. Fabricius-Harles., t. XI, p. 669.)

44

PIERRE HYPSILAS, d'Égine, était employé par Démétrius Chalcondyle (voy. ce nom), en 1490, à Florence, pour copier des manuscrits. (Voy. Piccolomini, *Libreria Medicea privata* (1875), p. 128.) On le trouve encore à Milan, en 1497. Les notes marginales sont de la main de JANUS LASCARIS.

Ms. grec 1399 (Reg. 2064). Papier, 238 feuillets, 335 sur 240 millim. Souscription au fol. 238 v° : + Πέτρος ὁ Ὑψηλᾶς Αἰγινήτης αὐτοχειρίᾳ ἔγραψεν, ἔτει χιλιοστῷ τετρακοσιοστῷ ἐννενηκοστῷ ἑβδόμῳ, πέντε ἐπὶ δέκα τοῦ μουνυχιῶνος μηνός. ἀπὸ τῆς Χριστοῦ γεννέσεως : + Μεδιολάνοθι.
PAUSANIAS, *Description de la Grèce*, livre IV, ch. XXXV-XXXVI (éd. Didot, p. 225-227).

45

PIERRE DE RHITYMNA (Crète) copiait des manuscrits grecs en 1422, à Mantoue.

Ms. grec 3020 (Reg. 3293). Papier, 122 feuillets, 212 sur 154 millim. Souscription au fol. 116 v° : Ταυτηὶ ἡ βίβλος ἐγράφη χειρὶ Πέτρου Κρητικοῦ. Τῷ Θεῷ ἔπαινος. Ἀμήν.
JULIEN, *Discours du Gouvernement* (éd. Teubner, t. I, p. 108 et p. 116-117).

46

PIERRE VERGÈCE, de Crète, neveu (ἀνεψιός) du célèbre Ange Vergèce (voy. ce nom), copiait des manuscrits, sans doute à Paris, en 1543 et 1544.

Ms. grec 2458 (Colbert. 1830). Papier, 82 feuillets, 308 sur 210 millim. Souscription au fol. 82 v°, col. 2 : Πέτρος. 1544. (Cf. le ms. du British Museum, Burney, 104, copié par Pierre Vergèce en 1543.)
ARISTIDE QUINTILIEN, *Musique* (éd. Marc. Meibomius, 1652, p. 6-7).

47

SILVESTRE SYROPOULOS, diacre, grand ecclésiarque de la grande église (Sainte-Sophie) de Constantinople, auteur d'une histoire du concile de Florence. (Voy. Allatius, *Exercitationes ad historiam concilii Florentini*, 1674, in-4.) On a des manuscrits copiés par lui en 1445 et 1447.

Ms. grec 1291 (Reg. 2957). Papier, 229 feuillets, 195 sur 135 millim. Souscription au fol. 229 : + Ἐτελειώθη τὸ παρὸν βιβλίον διὰ χειρὸς ἐμοῦ μεγάλου ἐκκλησιάρχου διακόνου Σιλβέστρου τοῦ Συροπούλου, ἐν ἔτει ͵ϛϠνϛ', μηνὶ σεπτεβρίῳ, ἰνδ. ιε' : —
GEORGES SCHOLARIOS (GENNADE), livre II, chapitre XII. *sur la procession du Saint-Esprit contre la doctrine des Latins.* (Cf. Migne, *Patr. gr.*, t. CLX, col. 665, ss.)

48

VALERIANO ALBINI, de Forli, chanoine régulier du Saint-Sauveur et bibliothécaire du monastère de S.-Antonio-in-Castello, à Venise, a été l'un des principaux copistes employés par l'évêque de Montpellier, Guillaume Pelicier, pendant le temps de son ambassade à Venise. (Voy. *Bibliothèque de l'École des Chartes*, 1885, p. 45 ss.) On a des manuscrits copiés par lui de 1536 à 1543.

Ms. grec 1687 (Reg. 2177). Papier, 158 feuillets, 330 sur 220 millim. Souscription au fol. 158 v° : Ταύτην δὲ βίβλον Οὐαλεριανὸς Φορολιβεὺς ὁ Ἀλβίνου Ἐνετίαι, ἐν τῷ τοῦ ἁγίου Ἀντωνίου μο-

νκστηρίω ἔγραψα, ἔτη τοῦ κυρίου ἡμῶν Ἰησοῦ Χριστοῦ ͵αφμ', ὀγδόη τοῦ μηνὸς νοεμβρίου ἱσταμένη :
POLYEN, *Stratagèmes*, livre IV, 1-2 (éd. Teubner, p. 123-124).

49

ZACHARIE CALLIERGI, ou CALLERGI, de Rhitymna (Crète), vint jeune à Venise, où il s'associa avec son compatriote, Nicolas Vlastos, pour publier des livres grecs; c'est à lui qu'est due la première édition, en 1499, de l'*Etymologicon magnum*. En même temps il ne dédaignait pas le métier de calligraphe et on a de lui plusieurs manuscrits, copiés à Padoue ou à Rome; c'est sans doute dans cette dernière ville qu'il mourut, après 1523. (Voy. Legrand, *op. cit.*, I, CXXV-CXXX.)

Ms. grec 2851. Papier, 217 feuillets, 220 sur 158 millim. Souscription reproduite ici, au fol. 16.
DENYS D'ALEXANDRIE (le Périégète), *Description du globe*, vers 1175-1187.

50

ZACHARIE SCORDYLIS, de Crète, appartenait à l'une des plus illustres familles de l'île qui avait adopté le surnom de Marapharas. Il fit ses études à l'université de Padoue; en 1562, il était prêtre et habitait Venise. C'est là qu'il fut employé par l'ambassadeur de France, Hurault de Boistaillé, pour lequel il copia plusieurs manuscrits avec Nicolas de la Torre (voy. ce nom). On a un portrait de Zacharie Scordylis dans une édition de 1563 du *Commentaire* de Nicetas David sur les poèmes de saint Grégoire de Nazianze et de saint Basile. (Voy. Legrand, *op. cit.*, I, 314-318.)

Ms. grec 2743 (Reg. 2358). Papier, 207 feuillets, 290 sur 205 millim. En tête du volume, on lit cette note de Hurault de Boistaillé : « Transcriptus a Zacharia, Græco, impensa aureorum 3. 1563. » Au fol. 131 v°, à la fin des extraits de saint Athanase se trouve le monocondyle : + Ζαχαρίας ἱερεύς.
SAINT ATHANASE, fragment de la *Lettre aux évêques d'Égypte et de Libye.* (Migne, *Patr. gr.*, t. XXV, col. 564.)

ANDRÉ DARMARIOS

(1579)

ANGE VERGÈCE

(1564)

ELIEN ET ONOSANDRE

Ms. Grec. 2523, fol. 15 v° et 76.

ANTOINE DAMILAS

(1480-1491)

OPPIEN, HALIEUTIQUES

Ms. Grec 2861, fol. 62 et 67 v°

ANTOINE EPISCOPOULOS

(1569)

JEAN CANABOUTZÈS

Ms. Grec 1746, fol. 1 et 54 ^{vo}.

ARISTOBULE APOSTOLIDIS

(XVᵉ - XVIᵉ S.)

PINDARE, OLYMPIQUES

Ms. Grec 2781, fol. 54 v° et 61.

ARSÈNE DE MONEMBASIE

(XVᵉ-XVIᵉ S.)

MICHEL APOSTOLIOS, VIOLIER

Ms. Grec 3058, fol. 160 Vᵒ

CÉSAR STRATEGOS

(Fin XV.° S.)

ΟΛΥΜΠΙΚΟC· Η ΠΕΡΙ ΤΗC ΠΡΩ
ΤΗC ΤΟΥ ΘΥ ΕΝΝΟΙΑC·

DION CHRYSOSTOME

BASILE VARELIS

(1541)

S. GRÉGOIRE DE NAZIANZE

Ms. Grec 2714, fol. 46 v°

BERNARDO FELICIANO

(1522)

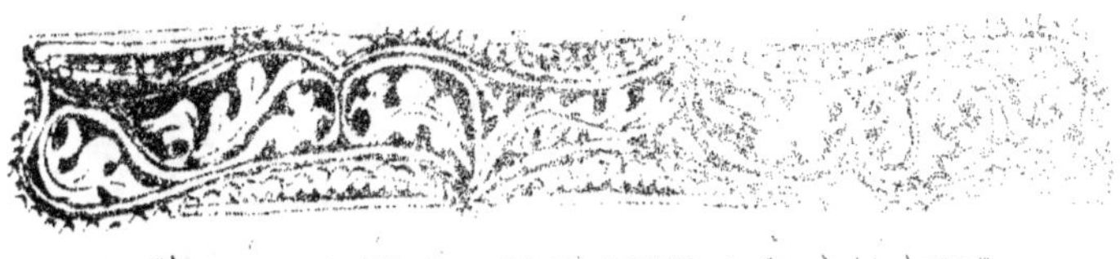

BARTOLOMEO COMPARINI
DE PRATO
(vers *1497*)

PSELLUS, PARAPHRASE DE L'ILIADE

CHRISTOPHE AUER

(1545)

ΤΑ ΕΚ ΤΟΥ ΤΡΙΤΟΥ ΤΩΝ
ΠΕΡΙ ΖΩΩΝ ΓΕΝΕΣΕωσ·

THÉODORE METOCHITE

CONSTANTIN PALÆOCAPPA

Pachome

(1541)

ANGE VERGÈCE
ET
CONSTANTIN PALÆOCAPPA
(1550)

ΑΠΟΛΛΟΔΩΡΟΥ ΒΙΒΛΙΟΘΗΚΗ. Α

βιβλίον α΄ μήκους, ἐνδεδυμένον δέρματι κυανῷ. ἐξῇ δ᾽ ἐν αὐτῷ, κτ᾽ Ἰωάννου ἀποχλοδώρου βιβλιοθ., ἠ δ᾽ ἄνος ἐν χρυσοστόμης ῥητεινη κὴ μεγέλη. ἔτι θεμιστίου φιλοσ. λόγοι ς΄, οἵτινες ἐν αὐτῷ γε γραμμένοι·

ΑΠΟΣΤΟΛΗ ΠΑΡΟΙΜΙΑΙ. Α

βιβλίον αὐτὸ μικρου μήκους ἐνδεδυμένον δέρματι καθεσινωω εἴχμασιν ἐρυθροῖς τε καὶ κυανέοις, οἷς μερμαφι. ἐν ᾧ ἐστι συναγωγὴ παροιμιῶν κὴ συνθήκη, μιχαήλου ἀποστόλου τοῦ βυζαντίου, κτ᾽ στοιχεῖον.

ΑΡΕΤΑΙΟΣ ΙΑΤΡΟΣ. Α.

βιβλίον αὐτὸ μήκους, ἐνδεδυμένον δέρματι λευκοχρει, ἐν ᾧ ἐστιν ἀρεταίου καππαδόκου ἰατροῦ, βιβλία ς΄· ὧν β΄ μ᾽ τον εἰσὶν αἰτίον. καὶ γ᾽ ἐξ ἀρχῆς ἐλλήπτον κεφάλαια ς΄· ὁμοίως δὲ καὶ ε΄ ἕτερον ἐστὶν ἄλλος· ξε δὲ κτ... κεφ... δ΄ καὶ ἐν ἀρχῇ...

ΑΡΕΤΑΙΟΣ. Β.

ΑΠΠΙΑΝΟΥ ... Α

ΑΡΡΙΑΝΟΣ ΕΙΣ ΤΑ ΕΠΙΚΤΗΤΟΥ. Β

DEMETRIUS CANTACUZÈNE

(1474)

HÉRODOTE, EXTRAITS

Ms. Grec 1731, fol. 178.

DEMETRIOS CHALCONDYLE
(+ 1511)

DEMETRIUS LEONTARIS

(1475)

ORACLES SIBYLLINS

Ms. Grec 2850, fol. 54 v° 55.

DEMETRIUS TRIVOLIS

(1481)

DIOSCORIDE

Ms. Grec 2182, fol. 87.

EMMANUEL ATRAMYTTENOS

(XVᵉ–XVIᵉ s.)

PHILOSTRATE, TABLEAUX

Ms. Grec 1761, fol. 148 v° 149.

GEORGES CHRYSOCOCCÈS

(1420)

GEORGES GREGOROPOULOS

(XVᵉ S.)

HOMÈRE

Ms. Grec 1805, fol. 302 ᵛᵒ

GEORGES HERMONYME

(XVᵉ-XVIᵉ S.)

XÉNOPHON, ÉCONOMIQUE

Ms. Grec 1647, fol. 2.

JACQUES DIASSORINOS

(1541)

CONSTANTIN HARMENOPOULOS

Ms. Grec Coislin 154, fol. 226.

JEAN ARGYROPOULOS

(1441)

SIMPLICIUS, SUR ARISTOTE

Ms. Grec 1908, fol. 101.

JEAN MURMURIS

(1563)

[handwritten Greek manuscript text — specimen of Byzantine cursive hand, beginning of Hermias's commentary on Plato's *Phaedrus*]

HERMIAS, SUR PLATON

JEAN NATHANAEL

(1541)

† αἱ ἐντ[...]αἱ περὶ προνοίας · λόγος δεύτερος :—

JEAN D'OTRANTE

(1535-1550)

B.

ΠΡΟΚΛΟΥ ΔΙΑΔΟΧΟΥ ΕΙΣ
ΤΙΜΑΙΟΝ ΠΛΑΤΩΝΟΣ
ΒΙΒΛΙΟΝ ΔΕΥ-
ΤΕΡΟΝ.

PROCLUS, SUR PLATON

Ms. Grec 1841, page 113.

JEAN PLOUSIADENOS

(vers 1470.)

JULIEN, CÉSARS & DU GOUVERNEMENT

JEAN RHOSOS
(1457)

GRÉGOIRE DE CHYPRE, PROVERBES

Ms. Grec 2524, fol. 53 v° et 62.

JEAN DE Sᵗᵉ MAURE

(1593)

[Facsimile of a handwritten Greek minuscule manuscript page, with marginal notations.]

JEAN SCOUTARIOTES

(1460)

PLOTIN, ENNÉADES

Ms. Grec 1816, fol. 130 v°

MANUEL GREGOROPOULOS

(1503)

COMMENTAIRE sur HIPPOCRATE

Ms. Grec 1884, fol. 158.

MICHEL APOSTOLIOS

(vers 1460)

Κλαυδίου Πτολεμαίου γεωγραφικῆς ὑφηγήσεως,
βιβλίον· τίνι διαφέρει γεωγραφία χωρογραφί-
ας. Ἡ γεωγραφία, μίμησίς ἐστι διὰ γραφῆς τοῦ κατειλημμένου
τῆς γῆς μέρους ὅλου, μετὰ τῶν ὡς ἐπίπαν αὐτῷ συνημμέ-
νων, καὶ διαφέρει τῆς χωρογραφίας. ἐπειδὴ περ αὕτη μὲν
ἀποτεμνομένη τοὺς κατὰ μέρος τόπους, χωρὶς ἑκάστην
καὶ καθ' αὑτὸν ἐκτίθεται, σῶμα ἀπογραφομένη πάντα σχεδὸν,
καὶ τὰ μικρότατα τῶν ἐμπεριλαμβανομένων. οἷον λιμένας
καὶ κώμας· καὶ δήμους· καὶ τὰς ἀπὸ τῶν πρώτων ποταμῶν
ἐκτροπὰς· καὶ τὰ παραπλήσια. τῆς δὲ γεωγραφίας
ἴδιόν ἐστι, τὸ, μίαν τε καὶ συνεχῆ δεικνύναι τὴν ἐγνω-
σμένην γῆν, ὡς ἔχει φύσεώς τε καὶ θέσεως. ἢ μέχρι μόνων
τῶν ἐν ὅλαις περιεκτικωτέραις περιγραφαῖς αὐτῇ συνημ-
μένων. οἷον κόλπων ἢ πόλεων μεγάλων· ἐθνῶν τε μὴ πο-
ταμῶν, τῶν ἀξιολογωτέρων, ἢ τῶν καθ' ἕκαστον εἶδος ἐπι-
σημοτέρων. ἔχει ταυτὶ δὲ τὸ χωρογραφικὸν τέλος, τῆς
ἐπὶ μέρους προσβολῆς. ὡσὰν ἅ τις οὐ μόνον ἢ ὀφθαλ-
μὸν μιμοῖτο. τὸ δὲ γεωγραφικὸν, τῆς καθόλου θεω-
ρίας, κατὰ τὸ ἀνάλογον τοῖς ὅλην τὴν κεφαλὴν ὑπογρα-
φομένοις. πᾶσαις γὰρ ταῖς ὑποτιθεμέναις ἀνόσιοι τῶν
πρώτων μερῶν ἀναγκαῖόν ἐστι προηγουμένως ἐφαρμο-
ζομένων, ἢ ἐπὶ τῶν δεξομένων ταῖς γραφαῖς συμμέτρων
ὀφείλοντα ἄναι, ταῖς ἐξ ἀρχῆς αὐτῷ ἀρκούσης τῶν ὅλων
διατάξεσιν, ἐάν τε μεῖζον ἢ τὸ γραφόμενον, ἐάν τε
πῖ μέρους, ἵνα πᾶν αἰσθητῶς παραλαμβάνηται, παρα-
κολουθῆσαι δι' αὐτὸς ἅμα ἢ χρησίμως, τῇ μὲν χω-
ρογραφίᾳ συναποδιδόναι ἢ τὰ μικρομερέστερα τῶν
ἰδιωμάτων. τῇ δὲ γεωγραφίᾳ, τὰς χώρας αὐτὰς
μετὰ τῶν καθόλου παρακειμένων. ὅπη πρῶτα μέρη,
ἢ μεῖζον συμμέτρως ἃ κατὰ ταῦτα, τῆς μὲν οἷον

PTOLÉMÉE, GÉOGRAPHIE

Ms. Grec 1403, fol. 2.

MICHEL CONTÉLÉON

(vers *1550*)

NICOLAS CHALCONDYLE

Ms. Grec 1729, fol. 94 v°.

MICHEL DAMASCENOS

(1518)

PTOLÉMÉE, ALMAGESTE

Ms. Grec 2393, fol. 215.

MICHEL SOPHIANOS
ET
BACCO BARBADORO

(handwritten Greek manuscript — Plutarch, Life of Cicero)

Βρύτος

ἀντώνιος

καισαρ

PLUTARQUE, VIE DE CICÉRON

Ms. Grec 1750, fol. 74 v°-75.

MICHEL SOULIARDOS

(1486)

ÉTIENNE DE BYZANCE

Ms. Grec 1412, fol. 121vᵒ-122.

NICOLAS ÉPARQUE

(1481)

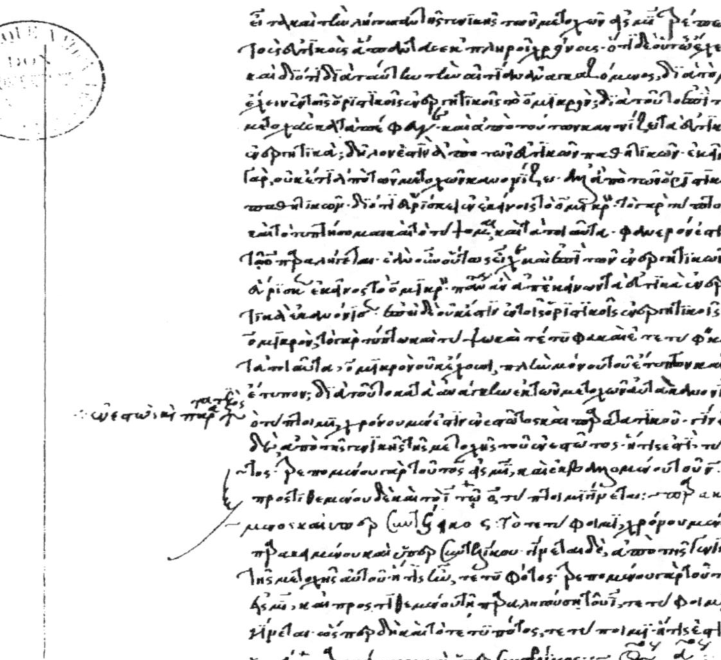

THÉODORE PRODROMOS

Ms. Suppl. Grec 262, fol.12 et 42ᵛᵒ

NICOLAS SOPHIANOS & MATTHIEU DEVARIS

(1533)

N° XXIX :-

N° δ.   N° vj. octauo

NICOLAS DE LA TORRE

(vers 1570)

EXTRAITS GÉOGRAPHIQUES & GRAMMATICAUX

Ms.Grec 2426, fol. 24 et 40.

NICOLAS VESTIARITE

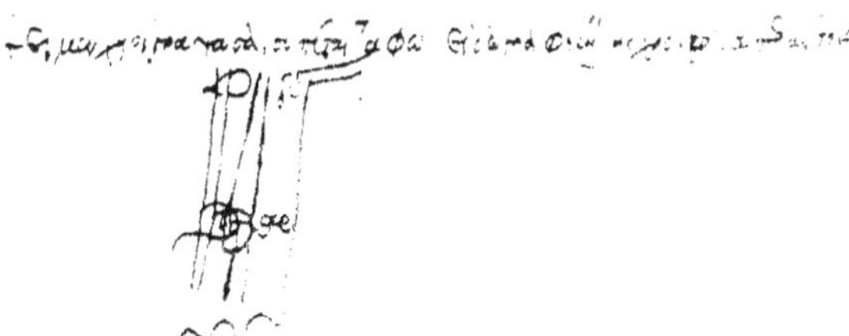

PROCOPE, GUERRE DES GOTHS

Ms. Grec 1699, fol. 185 V°

PAUL COLYBAS

(1511)

PIERRE HYPSILAS

(1497)

PAUSANIAS, MESSÉNIE

Ms. Grec 1399 fol 90 v°

PIERRE DE RHITYMNA

(XVᵉ S.)

JULIEN, DU GOUVERNEMENT

Ms. Grec 3020. fol. 47 et 51ᵛᵒ

PIERRE VERGÈCE

(1544)

ARISTIDE QUINTILIEN, MUSIQUE

Ms. Grec 2458, fol. 3.

SILVESTRE SYROPOULOS
(1448)

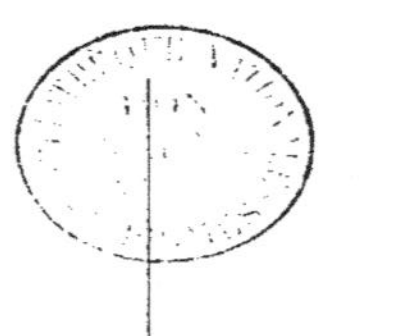

GEORGES SCHOLARIOS

Ms. Grec. 1291, fol. 67 vo 68.

VALERIANO ALBINI

(1540)

56

[handwritten Greek minuscule text — Polyaenus, Stratagems]

: Φίλιππος :

[handwritten Greek minuscule text]

ZACHARIE CALLIERGI

(XVᵉ-XVIᵉ S.)

[Greek manuscript specimen in cursive hand — Dionysius of Alexandria]

DENYS D'ALEXANDRIE.

Ms. Grec 2854, fol. 46.

ZACHARIE SCORDILLI

(1563)